執事が目にした！

How millionaires create money out of time

大富豪がお金を生み出す時間術

日本バトラー&コンシェルジュ
代表取締役
新井直之

青春出版社

はじめに

はじめまして。

私は世界中の大富豪と呼ばれる方々に〝執事サービス〟を提供してきたバトラー&コンシェルジュの新井直之と申します。

私どもがお仕えするお客様は、保有資産50億円以上、年収5億円を超える富裕層の中でもトップクラスの方々。なかには数兆円の資産を持ち、世界の長者番付に名を連ねる大富豪もいらっしゃいます。

しかも、その大多数は先祖や親の資産を受け継がれたのではなく、ご自身で富を築かれてきた方々です。

そんな大富豪に仕え、生活をともにするうちに気付いたことがあります。

それは**「時間」**をとても大切になさっているということです。

私たちに与えられた時間は誰もが平等に24時間です。どんなにお金があっても、権力があっても、増やすことも減らすこともできません。

だからこそ、**ムダな時間は徹底的に排除**しております。どのように時間を費やすかによって得られる「結果」は変わるからです。大富豪は、**お金を生み出すような時間の使い方をしていたから成功し、資産を維持できている**のです。

大富豪は独特の時間の捉え方をしています。

高層ビルを想像してみてください。お金を持てば持つほどエレベーターは上層へと上がっていきます。すると、どんどん遠くが見えるようになり、眼下の家々は小さくなります。これが大富豪の視点です。私はこれを「富豪のエレベーター」と呼んでいます。彼らは物事を広く、長期的な視点で捉え、考えているのです。

低階層にいるうちは、遠くが見えず、身近なことばかりがクローズアップされます。でも、上層階に上がれば上がるほど、先々のことを見通すようになるのです。だから、大富豪は5年後、10年後、20年後の将来を見据え、ポジティブな自分であろうとします。

一方、お金にあまり縁がない人たちは、今日、明日のこと、来月のことを考えるので精いっぱいという状態になります。


実際、私もこのエレベーターを体験した一人です。

以前、外資系の成果報酬の会社に勤めていた時代、私はある大きな商談をまとめ、年収1億円を実現したことがあります。

たった2年で年収６００万円から一気に上層階へと上がったわけです。すると、今日、明日の自分の評判や来月の売り上げなど、身近なことがほとんど気にならなくなり、行き当たりばったりに行動することもなくなりました。また、短期的な損得よりも、20年、30年、一生涯にわたって付き合うことができるように信頼関係を大切にし、健康に注意を払い、少々、高額でも最新の人間ドックを受け、お金の面も、今でなく30年後に最終的な結果が出る投資やビジネスをする思考に変わりました。

その後、給与体系が変わってしまったので、私の高年収は続きませんでした。それでも一度、富豪のエレベーターに乗り、視点の違いに気付けたことは大きな財産となりました。

たとえ、今はお金持ちでなくても、大富豪の考え方や時間の使い方を知り、将来を見据えた合理的な生き方をすることは可能です。本書を読んで、あなたを取り巻くビジネス、人づきあい、投資、健康などを長期的視点で見直してみてください。きっと、生き方そのものが変わり、入ってくる収入も変わってくることでしょう。

新井直之

目次

はじめに　3

Part 1
見極める技術
——本物の富豪は無駄なことに時間を使わない術を持っている

⚜決断をする時間帯がある。それはいつか？　21
⚜重要人物に会うときの決まったルールとは？　24
⚜カジノに行く意外な理由　26
⚜プライベートジェットを手配する本当の意味とは？　28
⚜メンタルコントロール、その驚きの共通点は？　31
⚜大富豪の辞書にない言葉は何か？　34

◆「失敗」を回避するためにしていることは？ 37
◆大富豪が参考にしている「失敗の教科書」とは？ 40
◆相手を見極めるにはひと言でいい。それは… 46
◆本の読み方 49
PART1のまとめ 56

Part 2

仕組み化の技術

——自動的に最適化される仕組みづくりが成功の肝

◆なぜ身支度が早くて完璧なのか？ 59
◆いかに働くか？　いかに働かないか？ 62

◆言葉数が少ないのに発言力があるのはなぜ？ 64
◆うまくいく口ぐせを持っているか？ 67
◆アポ取りはメールよりも手紙。どうしてか？ 70
◆なぜ秒針まで気にするのか？ 72
◆お金に向き合う時間をどう作るか？ 75
PART2のまとめ 78

Part 3

好印象を生み出す技術
――信頼構築の時間は会った瞬間つくる

◆「初めまして」でここまでしていますか？ 81

⚜なぜファーストネームで呼ぶのか？ 83
⚜幼少期の話が好きなのはなぜ？ 86
⚜にこやかな笑顔に秘められた効果とは？ 89
⚜占いで手に入れるものとは？ 93
⚜靴磨きより大切にしているあのサロンを知っているか？ 96
⚜より自分を高く見せるための「読む本」の選び方 98
⚜鞄の中に入っている信頼構築グッズとは？ 100
⚜人と違うお礼の仕方のポイント 102
PART3のまとめ 104

Part 4

つねに活性化した頭を作る技術

――迅速で正しい判断は完璧な体から生まれる

✤飲み水を16℃に指定するのはなぜ？ 107
✤朝食のメニュー以上に気にしていること 109
✤大富豪が決して削らない時間とは？ 111
✤下着にもこだわるのはどうして？ 113
✤食事の時間はどうやって決めている？ 116
✤なぜ体を鍛える人が多いのか？ 118
PART4のまとめ 120

Part 5 最高のコンディションを作る休息の技術

――完全休養を軽視しない大富豪の考え方

⚜最高の睡眠は何をもたらすのか？ 123
⚜寝室が豪勢なのはなぜ？ 126
⚜昼間のパフォーマンスを大切にするために 128
⚜大富豪の休みは何日ある？ 130
⚜後悔する休日、完全にリセットできる休日の違い 132
PART5のまとめ 134

Part 6

投資の技術

——高回収率が期待できるものだけにお金をかける

⚜高級食器を日常で使うことで訓練していること 137
⚜教育費にお金をかけるのは勉強のためよりも… 139
⚜意外にも借金が多いのはなぜ？ 142
⚜資産運用は何をしているか？ 144
⚜贈り物はどんなときにしているのか？ 147
⚜膨大な資産を守るための原則とは？ 149
⚜預金を増やす意味はどこにあるか？ 153
⚜いざというときにムダな時間を過ごさない大富豪の「保険」 157
PART6のまとめ 160

Part 7 遊びの技術
――大富豪は遊びの時間すらもお金に変える

⚜大富豪がホームパーティー好きの理由は？ 163
⚜どうして若い友人を増やすのか？ 165
⚜ノミニケーションへ行かずに部下の心をつかむのは？ 167
⚜教養を学び続けて得るものは何？ 169
⚜ゴルフ・ワイン・乗馬…。金持ち趣味の本当の理由とは？ 171
⚜なぜ海外出張に家族を連れて行くのだろう？ 173
⚜夫婦円満の努力をしているのはなぜ？ 175
⚜大富豪がよく観る映画の秘密とは？ 177
PART7のまとめ 183

おわりに 184

本文デザイン／浦郷和美
本文ＤＴＰ／森の印刷屋

Part 1

見極める技術

――本物の富豪は無駄なことに時間を使わない術を持っている

時間がない、時間がないと言っている人には
共通点がございます。
それはズバリ、迷う時間を多くお持ちであること。
大富豪のみなさまには、最短距離で
成功へつながる判断基準がございます。

決断をする時間帯がある。それはいつか?

私ども執事の朝は、まだ日も昇らぬ時間、だいたい朝の3時に始まります。

なぜかと申しますと、**大富豪の方々は朝の時間をたいへん大切にされているから**です。

これまでお仕えしてきたみなさまも、朝4、5時に起床されて、重要な仕事の処理をされていました。その内容は決算の確認や稟議書の承認や投資の決断など、ビジネス上の重要な意思決定にまつわるものが中心です。そして、それはほぼ朝のうちに済まされてしまうのです。

多くの企業では、幾度も会議を開き、議論を重ね、さらに十分に熟考したうえで決断されることでしょう。ドラマなどでは、夜の社長室でプロセスを思い起こしながら決断するなんていう場面が描かれることが多いので、みなさまにもそのようなイメージがあるのではございませんか？

私も、なぜこれほどまでに重要なことを「朝」決定されているのか不思議に思い、あるとき、大富豪の１人に質問しました。

すると、

「夜はその日の出来事で感情が昂ぶり、ミスジャッジをしてしまうことが多い。朝は睡眠によって頭がクリアになり、感情の影響を受けずに判断を下せるのだ」

と。

大富豪の方々は、何よりも「時間」の大切さを知っています。

時間は大富豪ほどにお金があっても買うことができないかけがえのないものだからです。

ですから、いかに効率よく時間を使うことができるのかを良くご存知です。

たいてい大事な決断ほどジャッジに時間をかけたくなるものです。

しかし、時間をかけたからといって、すべてがうまくいくとは限りません。大富豪の方々は冷静に、適切な判断ができる時間を見極めて、悩む時間、ミスジャッジをして遠回りをする時間を作らないようにされているのです。

なるほどと納得し、それ以降は私も大事な決断をするのは「朝」と決めております。

重要人物に会うときの決まったルールとは?

みなさまは、ビジネスチャンスを手に入れるために人と会うとき、どんな状況を設定いたしますか?

交流パーティーを開催する、ホテルの高級レストランでディナーにご招待、料亭で接待、パワーランチに誘う……。お金をかければ誰にでもできそうです。でも、このような方法をとれば、誰もがビジネスチャンスを手にできるかというと、そうではございません。

そもそもアポが取れない、ビジネスのキーマンはそのような場に行き慣れていて感動されることが少ないなど、お金や小手先のテクニックに頼った方法ではなかなかうまくいかないものです。

大富豪のみなさまはどうされているかと申しますと、じつは朝の7時や8時に大切な方と朝食をご一緒されております。そう、**「ブレックファストミーティング」を習慣にされている**方が多いのです。

何かとお忙しい立場にいる同士であっても、朝にアポイントが入っていることはありません。加えて、**朝は頭もクリア。**もしも夜の会食であれば、その前に交渉が決裂していて心理状態が不安定ということもあり得ますが、朝ならそのような心配はなく、**フラットな感情でお会いすることができます。**

そこで、「御朝食を用意しますので、お出かけのついでにお寄りください」「ホテルでご一緒にいかがですか？」とお誘いするわけです。

なかには会食のためにスイートをお取りになり、宿泊はせず、ルームサービスの朝食だけ召し上がってお帰りになる方もいらっしゃいます。

朝食のためだけに、そこまでするの？　とお思いになられるかもしれません。しかし、そうまでしてもつながりを持ちたい相手だからこそ、会食をムダにしない方法をとられているのです。

カジノに行く意外な理由

大富豪といえば、「カジノで豪遊」というイメージを持たれている方も多いのではないでしょうか？

たしかにギャンブルを好まれる大富豪の方はたくさんいらっしゃいます。ただし、嗜《たしな》まれるのはご自分の理論や推測、記憶が介在する余地のあるギャンブルです。

代表的なものは、マカオやラスベガスのカジノでのルーレット、ポーカーなど。ディーラーや他のお客様との駆け引きを楽しみ、場の流れを読むことで、実業での状況判断のトレーニングとされているようです。

私のお客様にも、カジノから多額の掛け金で勝負する「ハイローラー」の方々向けの招待状が届くことがございます。交通費も滞在費もカジノ持ちという、庶民感覚からすると夢のようなエンターテイメントです。しかし、参加されるみなさまは厳しい研修旅行のような面持ちです。

というのも、ハイローラー向けの部屋に集まるＶＩＰは起業家からアラブの王族まで多士済々。

そうした方々は、賭けを通じて、ビジネスの現場でもここぞという場面で大金を投じられるか、潔く引くことができるかを訓練されているようでした。読みが外れて大金を失ったとき、金額よりも、自分の読みが外れたことを反省している様子が印象的でした。また、それぞれの本性が出る場だけに、そこでの出会いがビジネスにつながることも珍しくありません。

大富豪の方々にとって、**ギャンブルの時間というのは娯楽の時間なのではなく、ビジネスの投資勘を磨く修練の場。感情や欲望をコントロールし、負けた際の引き際を学ぶ貴重な時間**なのです。

プライベートジェットを手配する本当の意味とは?

「ちょっと電車が遅れてまして……」

「事故で渋滞が起きてしまって……」

このような理由で予定の時間に遅れてしまった経験をお持ちの方も多いのではないでしょうか?

大富豪の方々にしてみれば、あり得ない理由です。

というのも、時間を取っていただく状況において、時間をロスするような可能性はすべて潰して当然だとお考えになるからです。ですから、時間に遅れるというのはよっぽどのことなのです。

私が執事になりたての頃、海外からプライベートジェットで来日された大富豪を、成田空港にお出迎えに行った際のことです。ハイヤーを手配し、都心に向かったものの、突発的な事故渋滞が発生。高速道路上で1時間近くノロノロとなかなか進まず、時間を失ったとき、その富豪から

「私たちは時間を買うためにキミを雇っている。交通渋滞は予測すれば回避できたはずだ。別の方法を考えなかったのか？　考えなかったのなら、今後、キミを雇う価値がない」

とお叱りを受けました。

確かに、年収何十億円という方の時給に換算すれば数百万円となる貴重な時間をムダにしているのです。以後、私はそのお客様が来日される際は成田空港から都心を20分で結ぶチャーターヘリを予約しています。

大切なお約束の時間が迫っているなどで、お客様が急がれているのに、渋滞が発生したときには、空港に到着された時点でヘリの移動を選択することができます。その方はヘリ嫌いなので、利用しないこともよくあります。その場合、40万円全額のキャ

ンセルフィーが発生しますが、必要経費です。

そもそも大富豪の方がプライベートジェットをご使用されるのも、まわりの影響を受けて、時間のムダをつくらないためです。

お金があるからできること、そう言われてしまうと、そうかもしれません。

しかし、**相手の時間をムダに奪わないために、できうることをすべて行っていらっしゃる。**その姿勢には、私たちも学ぶものがあるのではないかと思うのです。

メンタルコントロール、その驚きの共通点は？

大金を動かし、次々に決断を迫られる――。その重圧やプレッシャーは相当のものだと思われます。しかし、ビジネスの世界で成功された大富豪の方々は、基本的にあまり感情的にならず、平常心を保たれているように見えます。

時間は限られているとわかっていても、本当にこれでいいのだろうかと最後まで迷ってしまうものです。また、決断してからも迷い続けることすらあります。いったい大富豪のみなさまは、どのようにメンタルをコントロールしているのだろうかと観察してきました。

その結果、ある2つの共通点が見えてまいりました。

1つ目は反省をされないことです。

一般的な感覚では、人の意見を聞き、反省することが美徳だと考えます。ところが大富豪のみなさまはどちらもあまりされません。

例えば、ある新規プロジェクトの失敗を受け、部下から「総括をかねて、反省会をしましょう」と言われている現場に立ち会ったことがあります。

そのとき、オーナーである大富豪は「そんなことはしなくていい！」とお怒りになっていました。

「成功するためにやってはいけないことがわかったのだから、反省会ではなく、次へつなげる未来の会へ名前を変えろ」と。そう指示されたのです。

2つ目の共通点は批判的な意見を述べる人を遠ざけることです。

大富豪の周囲は、いわゆるイエスマンで固められています。これもまた一般的に良くないこととされていますが、大富豪は自分の考えをポジティブに保ち、前へ進む意欲を持ち続けるため、あえてイエスマンを重用なさるのです。

「この事業をどう思う?」とアイデアを明かすとき、少しは不安な気持ちを抱えています。そこで、「いいですね！」「いけると思います！」と答えてくれる人が身近にいることで、リスクを取ったチャレンジに踏み出せるわけです。

本来はうまくいくことも、精神状態が不安定ではうまくいかないことがあります。**時間の使い方の良し悪しは、そのときのメンタルがどういう状態かによって左右されれる**ということを大富豪の方はよくご存じなのです。

大富豪の辞書にない言葉は何か？

お金を生み出す仕組みづくりが得意な大富豪の方々ですが、ビジネスをすべて成功されているわけではありません。私がお仕えしている感じでは、9割ほどは失敗されているように感じます。

それでも大富豪としての財産をお守りすることができるのは、失敗の仕方がとてもお上手だからです。

というのも大富豪の方々は、はたから見て失敗のようなことも、失敗とは捉えていません。大富豪の辞書に「失敗」の言葉はないからです。

そのかわり、「成功しない方法を見つけた」と捉えるのです。そして、「避けるべき方法が見つかり、いろいろな学びを得られた。これで成功の可能性がさらに高まった」、このようにお考えになるのです。

どこまでも、気持ちを前向きに整えているのは、よく聞く言葉からもわかります。あるとき、スピード違反で停められた大富豪は、「ツイているな。事故を起こさないように停めてくれたんだ」とポツリ。

悪いように思えることも「〇〇でハッピー」「ツイてる」などと、言葉に出していらっしゃいます。

大富豪の方はネガティブな物事の考え方を時間のムダだとお考えになります。失敗は次の成功、もしくはいくつかの失敗を肥やしにして最終的に成功して取り戻せばいいだけですし、一度や二度の失敗で頭を抱えていたり、失敗のたびにモチベーションを立て直すことは何も生み出さないとお考えになるからです。

また、小さな失敗で前進することをやめてしまったら、その先の莫大《ばくだい》な利益を逃してしまう可能性もございます。どこで成功に転じるかわかりません。それこそ、死んだあと評価されるようなことだってあるわけです。人生において、未来につながらない取り返しのつかないこと。そのようなことが、大富豪の方にとっての「失敗」なのです。

失敗とはこうやるとうまくいかないという教材であり、成功につながるきっかけ。反省ではなく未来に生かすための判断材料として受け止める習慣は、どんなトライも有意義な時間として過ごすことへつながるのです。

「失敗」を回避するためにしていることは?

私のお仕えしている大富豪の中に、毎日、帝国データバンクなどが出す倒産速報をチェックされている方がいらっしゃいます。普通に考えれば、失敗した企業よりも、成功した企業、これから伸びていきそうな企業の研究に時間をかける方が、建設的のように思います。

ある日、その理由を伺うと「成功法はつかみづらいが、失敗には一定のパターンがある。それを学ぶことで、自分が失敗に近づかないようにしているんだ」と言われました。

つまり、大富豪の方は**失敗の法則や経験を重視**されているのです。

実際、本業が成功すると、儲け話が舞い込んでくることが多いです。

しかし、うまくいったからと気が大きくなり、安易に乗って失敗するケースもまた多いようです。

このような失敗談を知っていれば、新規事業は甘く見積もらず、小さく始めることができます。

また、投資で財を成している大富豪は、投資で大損するパターンや、万が一損失が出たときの対処法を学んでいます。実体験のある方に話を聞くという習慣をお持ちの方もいらっしゃいます。

資産が膨大であるがために、節税対策に力を入れている方は多いです。しかし、やりすぎると、税務署から査察を受け、多額の追徴課税がきてしまうことも。そのバランスを、失敗した人から「やりすぎのライン」を教わっている人もいらっしゃいます。

とある海外の富豪の方は、「日本で不動産投資をしたい」といい、いきなり物件をいくつも購入された方がいらっしゃいました。普通なら、物件調査や資金計画に時間をかけるでしょう。お金があるからできることではありますが、じつはこうやって、成功のツボ、うまくいかないパターンを探っているのです。損失が膨らんでいくと、不動産投資の専門家にうまくいかない理由を分析してもらい、今後の投資の仕方についてアドバイスを受けていらっしゃいました。何度かそれを繰り返すうちに、損失を上回るくらいの安定的な収益を上げるようになりました。

大富豪であり続けるためにも、失敗を避け、たとえ失敗したとしても損失を最小限におさえるために**失敗を研究し、失敗を学ぶ時間というのは必要不可欠**な時間なのです。

大富豪が参考にしている「失敗の教科書」とは?

限られた時間の中で、失敗をしない方法を学ぶために本や映画もよくご覧になっています。リーダーの判断ひとつで、結果が大きく左右されることはビジネスの現場ではよくおこります。組織が失敗しやすいパターンをあらかじめ頭に叩き込んでおけば、いざ自分のビジネスで問題に直面した際、間違った判断を避けられます。

では、国内の富豪の方がよく参考になさっている本や映画をご紹介していきます。

『失敗の本質―日本軍の組織論的研究』

戸部良一、寺本義也ほか著　中央公論新社刊

本書は「失敗学」を代表する本で、大富豪のみなさまの中でも特に人気の高

い一冊です。日本の敗戦の歴史に、新たな視点でフォーカスされています。第二次世界大戦地の日本軍とアメリカ軍の戦略を比較しながら、経済学的な側面から日本軍の敗戦の理由を浮き彫りにしています。ミッドウェー海戦、ガダルカナル島の戦いなど、具体的な局地戦を事例に挙げ、日米両軍の戦略を分析。日本軍が敗戦した要因のひとつとして組織作りのミスを提示し、この失敗の教訓を、現在の日本企業の組織づくりや企業戦略に役立てられると提起しています。

日本軍の敗戦という、日本人にとって痛い記憶だからこそ、学ぶべき価値があると考えるのでしょう。「成功をパターン化するのは難しいが、失敗をしないようにするのは可能」とは大富豪の方々の口ぐせです。本書はまさに格好のテキストとなっているのです。

『御社の寿命─あなたの将来は「目利き力」で決まる！』

帝国データバンク情報部、中村宏之著　中央公論新社刊

帝国データバンクの膨大なデータから導き出された、倒産危機の会社、将来

性の低い会社の見分け方を紹介しています。

「社内の内線番号が杜撰《ずさん》」「売り上げ規模の割に会社の電話が鳴らない」といった具体的な注目ポイントが挙げられており、失敗の研究をするのに、とてもわかりやすく整理されている一冊です。

『あの会社はこうして潰れた』

帝国データバンク情報部、藤森徹著　日本経済新聞出版社刊

大富豪のみなさまは、よその会社の倒産情報が大好きです。この本では、大手企業や老舗菓子店の優良企業が倒産した背景を詳細に調べあげ、教訓をあぶりだしています。

どんなにうまくいっていても、明日は我が身。帝国データバンクが発表する「倒産情報」と合わせて細かくチェックされる方も多いようです。

『新訂　孫子』　金谷治著　岩波書店刊

「彼を知り己を知れば百戦して殆うからず」に代表される、戦で勝利するため

の戦略と心構えをまとめた中国・春秋時代の兵法書です。本書では13篇にわたって多くの戦術が理論的に記されており、時代や国を超え、普遍性をもって読み継がれてきました。

現在では、兵法書ながらビジネスの場においても、リーダー論、リスクマネジメントにも応用が利くと愛読者に挙げる経営者が多くいらっしゃいます。戦い方の「型」をたくさん学ぶことで、敗因を避け勝ちをつかむパターンを自分の中に染み込ませていくようです。

『竜馬がゆく』 司馬遼太郎著 文藝春秋刊

大富豪の間でも坂本竜馬の人気は絶大です。江戸から明治へと変わる激動の幕末を駆け抜けた人生を描いた歴史小説に自分を重ね合わせる人も多くいらっしゃいます。固定観念に縛られることなく、自由な発想で道を切り開いた竜馬の生き様は、現代のビジネスマンにとっても見習うところが多いのです。身分の垣根を超えて、勝海舟に師事するくだりは、上司と部下の関係を築くヒントに。また、強いリーダーシップを持ち、志に向かう行動力には大きな刺激を受けることでしょう。

たとえ短い生涯ながらも、太く生きた竜馬からは人生や仕事観において大いに学ぶことがあるようです。

『歴史ドキュメント　川中島の戦い』

平山優著　学習研究社刊

歴史に残る名勝負には、戦略の極意がつまっています。本書は戦国大名の武田信玄と上杉謙信が五度にわたる攻防を繰り広げた〝川中島の戦い〟を徹底分析した歴史ドキュメントです。約11年にも及んだ両者の争いの発端から終結までを紹介していく中で、互いの陣営の人間関係や戦略にも言及。さらに、深刻な大飢饉が広がったため、領民の借金を帳消しにする〝徳政令〟を発令したといった合戦当時の時代背景も克明に記述されています。

攻め方、守り方、一瞬の判断など、どのような行動がどのような結末になるのか？　一冊から多くのものが吸収できると評判の高い本です。

『八甲田山』　森谷司郎監督　ハピネット・ピクチャーズ発売・販売元

明治35年、対ロシア戦を想定した軍事訓練のため、日本陸軍は厳冬期の八甲田山へと出発。だが悪天候が部隊を襲い、雪中行軍は過酷を極めて……。世界最大級の山岳避難事故となってしまった〝八甲田雪中行軍遭難事件〟をモチーフに描いた大作です。訓練に参加した210名のうち、じつに199名が亡くなるという、この大事故の原因は、指揮官の判断ミスとされています。失敗の研究材料として、これ以上のものはありません。

『海峡』　森谷司郎監督　東宝発売・販売元

本州と北海道を結ぶ、青函トンネルの開通という一大プロジェクトに挑んだ男たちの群像劇です。高倉健、吉永小百合、森繁久彌、三浦友和などの豪華キャストが一堂に会したことも大きな話題となりました。トンネル工事に取り組む作業員たちの深い人間ドラマに感涙必至の一作です。

『八甲田山』と同じ森谷司郎監督作品で、こちらはいわば「成功例」。二作品を見比べると、失敗の原因がより鮮明になるそうです。

相手を見極めるにはひと言でいい。それは…

「キミ、100億円欲しいか？」

これはとある大富豪の方が「話を聞かせてください」とやってくる若者に対して口ぐせのように繰り返す問いかけです。

あなたならどう答えますか？

「欲しいです」と答えると、大富豪は「では、キミは100億円を手に入れるためにどういう取り組みをしている？」と続け、「特にないです」では「それはダメだよ」で面会は終わってしまいます。

はったりでも、「起業後にIPOで100億円入ってくるように取り組み始めています」「世界的大ヒットとなるようなアイデアをSNSで拡散している」などと言えば、「キミは可能性がある」と見込みのある若者の一人となることができます。

たとえ大ぼらであってもいいのです。

スティーブ・ジョブズがはじめはアップルの構想で誰にも見向きもされたことがなかったように、大ぼらは成功の前触れ。言えるメンタルとその気持ちの強さは成功を引き寄せると見極めるのです。


私がお仕えした大富豪の中に「人類を飢餓から救う食品開発」への出資話に協力しようと出資された方がおりました。ふつうなら「そんなの夢のまた夢の話。言うほど簡単に実現するわけない」と鼻から相手にしないことでしょう。

しかし、「人類を飢餓から救う食品」が作れたら、世界の貧困に苦しむ人々を一気に救えるかもしれません。大富豪は、実現させてみたいと心を動かされたとしたら、今はまだ大ぼらを吹いているような話でも、実現に向けて力を貸す価値があるとお考えになるのです。


大きな目標を達成する人は、大ぼらを吹いてでも、みんなに夢を見させて、多くの協力を得て、成功を実現させている……。これは一代で財を成した方にお仕えしていて強く感じることです。

また、「人はみんな夢をみたいのだ」と言った大富豪もいました。「自分が夢を追っていないのに、人に夢を見させることができるわけがない」と。

無難な道を選んでいるだけでは大富豪にはなれません。**思わず口をついて出る言葉からその人物の可能性を推し量っていらっしゃる**のです。

本の読み方

「本はたくさん読んだ方がいい」

そう考える人も多くいらっしゃることと思います。確かに、幅広いジャンルから様々な知識を得ることこそ、読書の醍醐味のように思われます。

大富豪のみなさまは、たくさんの本の中から、中途半端な知識を得るようなムダな時間を取ることはございません。『これぞ』と思った本を何度も何度も読み込んで、そこに書かれている知識を完璧に自分のものになさるのです。

そうしないと、いざというときに使える知識にならないとお考えだからです。

では、どんな本をお読みになっているかと申し上げますと、〝定番〟をお好みになります。多くの人に師事され、長い間読まれつづけている本にこそ、じっくりと読み込む価値があると判断されるのです。

読書はもっともコストパフォーマンスのいい投資といわれます。ビジネスシーンで瞬時に正しい判断ができるのも、良質の知識を頭に定着させているから。

大富豪がお読みになっている、珠玉の7冊をご紹介します。

『人を動かす』 D・カーネギー著　創元社刊

1937年刊行ながらも今なお経営者をはじめ、多くのビジネスマンに愛読されている一冊です。本書は「自己啓発書の原点」のような存在です。いわば、今も次々に発売されている自己啓発書のエッセンスがすべて詰まっているといっても過言ではありません。

著者が実際にビジネスの場面で培ってきた、人に好かれ、人の心を突き動かすためのさまざまな行動指南が実例を交えて紹介されています。

「話し上手になりたければ聞き上手になること」「議論に勝つ最善の方法は議論を避けること」など、シンプルで力強い金言の数々から、自分を変える気づきが得られます。

なるべくムダな本を読むのを避けたい大富豪のみなさまにとって、本書のような〝ド定番〟をじっくり読み込むことはとても合理的なことなのです。

『道をひらく』 松下幸之助著 PHP研究所刊

〝経営の神様〟の異名を持つ松下幸之助が著した随想集です。大富豪のみなさまにとっても大きな存在です。氏の著作の中でももっとも読まれており、発行部数は500万部を超えます。現・パナソニックを一代で築き上げた経営から語られる、確固たる経営理念や仕事観など、経営に大切なことが端的にまとまっています。

さらには人生哲学や国家の在り方までも言及していますが、非常に平易な言葉で書かれているのに、深い味わいが感じられます。本著の中で特に繰り返し説かれるのが〝素直な生き方〟と〝謙虚な姿勢〟の重要性です。

人間味あふれたカリスマ経営者のことばにハッと胸をつかれる内容に、人生の道しるべとして読まれる方が多くいらっしゃいます。

『思考は現実化する』

ナポレオン・ヒル著　きこ書房刊

トーマス・エジソンなど20世紀初頭のアメリカの成功者500名以上にインタビューした著者が、彼らに共通する思考をまとめた成功哲学書です。「人は自らが思い描いたような人間になれる。できると強く信じれば目標や願望は現実化する」という思考を基本とし、成功を手にするための具体的な行動を17のステップで紹介していきます。成功のきっかけに気づかせてくれる一冊です。

普遍的な成功哲学が体系化され、成功の核心に近づけてくれる本と評判です。

『マネジメント―基本と原則』

P・F・ドラッカー著　ダイヤモンド社刊

規模を問わず組織の中で働く人に向けて、組織内の人間関係の築き方や上司の取るべき行動といった、あらゆる角度からのマネジメント論を提唱しています。

ビジネスの場ですぐに使える実践的なノウハウが詰まっており、成果を出すために導き出された実用的な一冊。

大富豪の方々は自分の限界をよく知っています。大きな成功をおさめるには、いかに他人の手を借りるかが重要です。マネジメントこそ成功のカギであることを知っているので、必読の書となっています。

『7つの習慣―成功には原則があった！』

スティーブン・R・コヴィー著　キングベアー出版刊

自己の内面から意識改革に取り組み、外へと働きかける〝インサイド・アウト〟の考え方をベースに、人生を豊かにする行動を指南しています。インサイド・アウトの実現のために継続しなくてはならないのが、本書で語られる7つの習慣です。自分らしくあるための〝選択の自由〟、自分を理解してもらうために〝相手を尊重する〟。これらの習慣を続ける意義をロジカルに説いています。

この本を手引きとすることで、成功するための習慣がわかり、自分の行動が自然と変わるといいます。

『21世紀の資本』

トマ・ピケティ著　みすず書房刊

なぜ富の格差が起こるのかをフランスの経済学者が徹底的に調べあげて「格差論」としてまとめた一冊です。30を超える国の過去300年間の税務データを収集し分析。経済格差の変わり様を長期的に見ることで、ある問題点が浮かび上がり、気鋭の経済学者は斬新な解決策を提案しています。

投資やビジネスで成功するには、世界経済の流れを知る必要があります。新たな経済学の入門書と位置づけられるこの本に目を通すのは、当然のことといえるのではないでしょうか。

『嫌われる勇気―自己啓発の源流「アドラー」の教え』

岸見一郎、古賀史健著　ダイヤモンド社刊

フロイト、ユングと並ぶ世界3大心理学者のひとり、オーストリア出身の精神科医アドラーの思想を著した一冊。本書は、哲学者と悩める青年の対話形式で展開され、アドラーの提唱する心理学が随所にちりばめられています。

人はどうすれば幸せに生きることができるのか?

その解決策がわかりやすくひも解かれています。自分の生き方を見直したり、現代人は何に悩んでいるのか、他人の見方を学ぶなど、本書の読み方は様々ですが、人生を深く知りたいという富豪の方々の知的好奇心が根底にはあるようです。

Part 1のまとめ

ムダな時間を作らないために

□目覚めてから3時間が脳のゴールデンタイム。重要な判断はこの時間に行う

□頭がクリアでアポの取りやすい朝食の時間を有効活用する

□カジノのように一瞬の判断を磨く場を持つ

□遅刻は時間を奪うことと心得る

□メンタルを揺らすものは身の回りから排除する

□つまずいても「成功しない方法を見つけた」と考える

□成功研究より失敗研究に力をいれる

□「失敗」の良書を熟読する

□100万円欲しいか？　に即答できるような答えを持っておく

□お金を生む名著は身になるまで何度も読む

Part 2

仕組み化の技術

――自動的に最適化される仕組みづくりが成功の肝

一生懸命なされたことが
すべて成果へとつながるわけではございません。
大富豪のみなさまが大富豪であり続けるのは、
ムダな時間を作らない仕組みを
お持ちでいらっしゃるからです。

なぜ身支度が早くて完璧なのか?

朝が早い大富豪の方々ですが、ライフワークにされているジムでのトレーニングや、玄関先の掃除で近所の方々とコミュニケーションをとられたりと、過ごし方は優雅なもの。

とはいっても、もちろん中には朝が弱い方もいらっしゃいます。ギリギリまで寝ていたい……。このお気持ち、痛いほどわかりますが、慌ただしい身支度はトラブルやミスのもとになりかねません。朝が弱いとある大富豪は、ビジネスに支障をきたさないために、ある仕組みを作られていました。

その仕組みとは、曜日ごとに使うカバンを作るということです。

突発的なことがない限りは、その曜日に該当するカバンを持って出ればいいという塩梅です。名刺入れや筆記用具など、入れ替えるのではなく、曜日分用意すればいいという発想です。こうやって時間のロスと忘れ物のリスクを避けているのです。

ＴＰＯに合わせて、日々カバンを持ちかえる方も、代替の利かない財布や手帳など、つねに持ち歩くものは専用の小袋に入れて、それだけ移し替えればいいようにしています。

ほかにも忘れ物をしないことを最優先にされる方は、どこにいくにも大容量のキャリーバッグを使用。何でも入れて、移動先がそのままオフィスに。

備えあれば憂いなしが、大富豪の身支度の基本です。

また、身に付けるものはブランド品を避け、体にフィットするオーダースーツや靴を愛用されます。奇抜なものや組み合わせで迷うようなものはお召しになりません。ビジネスにおいて、過度なオシャレ、派手で奇抜な服装は信用を失ったり、嫉妬の対象になるとお考えになるからです。**「目立つことはリスク」**という意識があるのです。

ですから、身支度にも時間はかかりません。目立たず、高品質で履き心地、着心地の良いアイテムは、余計な準備をしなくても、ストレスのない状態でビジネスの場に望むことができるのです。

このようにわかりきっていること、ビジネスシーンでルーチンとして決まっていることに関して、大富豪のみなさまは頭を悩ませるようなことはなさりません。そのようなことで時間をムダにしないためです。ですから、**「考えなくともうまくいく仕組み」**をお持ちになっているのです。

いかに働くか？　いかに働かないか？

多くの時間術の本は、自身のやりくりの仕方を書いています。しかし、大富豪の方が求める秘訣はここにはありません。

彼らが**時間管理を学ぶ相手は、儲かっているのにヒマそうにしている経営者**です。

彼らは本当にヒマなわけではありません。

自分が動く必要のある仕事は月・火にまとめ、残りの5日は自由にする、午前中だけ働いて午後の予定は空けておく、1月から3月まで働き、あとは部下や担当者に任せる……。スタイルは違えども、これは空白を作り出せるくらい人に任せられる仕組みがあったり、仕事ができたりということの裏返しなのです。

つまり大富豪のみなさまは、**スケジュール帳がまっ白なほど優秀**だとお考えになります。

世の中にはスケジュール帳が埋まらないと不安だと感じてしまう人もいるかと思います。大富豪の方々は逆で、**スケジュール帳が埋まるということは、時間を奪われることだ**ととらえるのです。スケジュールがぎっしりだと、ビジネスを俯瞰してみる余裕がなくなります。重要人物と会える可能性や、商品を外に出すタイミングなど〝機を逃す〟ことになるかもしれません。また、自分にも余裕がなくなり、判断ミスを招く一因になることもあります。

外からのスケジュールに振り回されず、自ら時間をコントロールする。この意識が行動を変え、成果を変えていくのです。

言葉数が少ないのに発言力があるのはなぜ？

どんなタイプの人が交渉事に向いていると思いますか？
弁の立つ人でしょうか？
機転の利く人でしょうか？
それとも、プレゼン力の高い人でしょうか？

商談を制する大富豪の方々の緊迫した交渉の現場におりますと、「聞き上手」な方が多いように感じます。相手の話をしっかり聞き、深く理解しようと努めていらっしゃるのです。そんなこと、交渉時には当たり前だとお思いになる方もいらっしゃるでしょう。

しかし、実際にはじっと話を聞き続けるというのは忍耐力を必要とします。それも大切な商談ともなると、発言をしなければとなるのです。

自分の意見を言いたい、相手の反論をしたい、相手に認めてもらいたいと。

ですから、相手に話させるのです。

これは相手に情報を話させるということ。相手が話せば話すほど、情報を受け取れます。さらに話しぶりから、単に仕事のことだけではなく、相手の性格や話の持っていきかたなど、その人が一緒にビジネスをしていく上で、信用に足る人物かどうかの判断材料も得ることができるのです。

大富豪の方々はこうして、全ての情報を相手から引き出すことで、自分の情報は明らかにすることなく、「ではこのような形で進めるのはいかがでしょうか?」と自分に有利に、そして相手にも納得できる形で結論を導き出されているのです。交渉を終えるころには、相手の方も「いい商談でした」と満足しています。

これは、聞いているポーズを取っているのではなく、真剣に話を聞く姿勢が相手に伝わっている証でしょう。

素晴らしいと思ったら「素晴らしい話を聞きました」と言い、もっと知りたいと感じたら、たとえ駆け出しの若者であっても「もっと教えてほしい」と伝えていらっしゃいます。

大事な局面では、つい伝え方の準備に力を入れ、時間をかけてしまいます。しかし、交渉での大富豪の方をみておりますと、**客観的な視点でじっくりと「聞く」時間を大切にする**ことはもっと大事に思えるのです。

うまくいく口ぐせを持っているか？

あなたが口にする言葉をもっとも近くで聞いている人は誰でしょう？

それは、ほかでもないあなたご自身です。つまり、人は**何回も耳にする自分の口ぐせに大きな影響を受けている**のです。

大富豪のみなさまはそれを十分承知しており、この仕組みをうまく利用されています。ネガティブな言葉はほとんど口にせず、共通するのはポジティブな言葉ばかり。そうやって、**つねに前向きになるようコントロール**されているのです。


私が仕えている方で、リーマン・ショックの際、投資で大失敗して全財産の半分を失われた大富豪がいらっしゃいます。２兆円の資産が１兆円に目減りしたのです。しかも含み損は日に日に広がっていきます。ふつうなら「もうダメだ……」と言いながら頭を抱えてしまうのではないでしょうか。この方は「傷は浅い！」という言葉を繰り返されていました。

執事の私から見ても、明らかな深手でしたが、「株式市場に貯金しているところだ」とお笑いになるのです。

大富豪は投資に対して、1勝9敗でも、1度の勝ちで大きく勝ち抜けばいいと考えています。ですから、その都度、その都度の失敗に対して、「得した」「損した」と一喜一憂いたしません。たとえ、株価が大暴落しても、前向きな言葉によってメンタルを落とさないようになさっているのです。

ですから、大富豪は事業で苦境に陥ったとしても、どん底だとは考えません。口にするのは「メイクドラマ」という言葉です。「ふつうにうまくいってもドラマがない。いまは成功への序章。メイクドラマだ」と。

逆に成功したときには「おかげさまです」の言葉をよく口にされています。特に部下に対しては「キミのおかげだ」と言い、周囲には「自分は何もしていない」と人を立てながら語ります。

これはなぜか。

成功者は成功が自分のチカラだけでは絶対に成しえないものだと知っているからです。だからこそ、成功に酩酊せず、人を立て、力を借り、次なる成功を呼び込むサイクルを作っていくのです。

そして、成功者はそれだけで妬まれる対象になりやすいものです。この妬まれリスクを減らすためにも「みなさんのおかげ」を口ぐせにされているのです。

アポ取りはメールよりも手紙。どうしてか？

どうしてもこの方とお近づきになりたい。そういう相手ができたとき、みなさんは電話をしたり、メールをするのではないでしょうか？　一見、時間をかけずに効率的なように思われますが、大富豪の方々はそのようなことをなさりません。

実際にご自身にも、そのような連絡が多いので、電話では取り次いでもらえず、メールは見てもらえないことをよくご存じなのです。このようなとき、大富豪の方々は、必ず手書きの手紙をお出しになっています。

お礼状であったり、新たなパーティーの招待状であったり。手書きの手紙は手元に届くことを知っているからです。

これは、そもそもお金持ちや経営者が出すから手元に届くのだろう、とお思いになる方もいらっしゃるかもしれません。しかし、このように手紙をお送りする相手は、ご自分よりも2ランクほど上の方がほとんど。お金持ちが大金持ちに、富豪が大富豪の方に。手紙を受け取る方にとっては自らつながりたいと思っている相手というわけではございいません。だからといって憧れているだけでなく、みなさま、自分を刺激し、より高めてくれるような人とお近づきになれるよう心掛けていらっしゃるのです。

また、ある犬好きの大富豪の方は、愛犬が生まれるとご自身が知り合いになった人の中から、犬好きの方に連絡し、もらい手をみつけてしまうのです。

それはまるで戦国時代の大名同士の政略結婚のようですが、実際に子犬を差し上げた先とは家族のような関係になっています。

本来ならつながりを作るのが難しいと思われがちな方でも、切れない絆は時間をかけるだけでなく、知恵を使うことでも築くことができるのです。

なぜ秒針まで気にするのか？

突然ですが、皆さまが身に付けている時計の時刻を最後に合わせたのはいつですか？　またご自宅にある時計ではいかがでしょうか？　それは秒針まで合わされたでしょうか？

何よりも時間に厳格な大富豪の方々。中には「1秒」すらも定刻通りであることを要求される方もいらっしゃいます。

ある海外の大富豪の方は、日本の別荘においてある「すべての時計は1秒も狂ってはいけない」とおっしゃいました。

持っている時計を思い浮かべていただきたいのですが、掛け時計、目覚まし時計、リモコンの時計など、家にある時計は意外と多いものです。また、その方はアンティーク時計が大好きで多数保有していらっしゃいます。それをすべて1秒のずれもなく維持するのは、とても大変なことなのです。

そして、別荘に到着すると別荘中の時計を見て回り、時刻のずれているものを見つけると、執事を呼びつけます。

2、3秒の違いならば軽いお叱りをいただくだけですが、10秒も狂っている場合はカンカンに怒るのです。

たった「1秒」くらい、そうみなさまはお考えになるかもしれません。しかし、時計が1秒狂っていると非常に気にする大富豪の方はとても多くいらっしゃいます。それは、1秒で大儲けするか、大損するかの世界を生きていらっしゃるからです。例えば、株の売買で1秒の差で株価が急騰したり、急落したりします。また、1秒の差で取引所が閉まってしまえば、もう売ることも買うこともできず、次の日に大暴落するともいえません。

「1秒」。

これを意識して過ごされるには強い意志が必要です。

「人生80年、それは1秒の集まり」

それほど時間というものは大切にし、つねに意識しなければならないということなのでしょう。

お金に向き合う時間をどう作るか?

みなさまはご帰宅後に財布の中身を点検する時間はお持ちでしょうか?

大富豪の方はブラックカードを持っていて(実際にお持ちですが)、金額なんて気にせず、お金を遣っているというイメージがあるかもしれません。

しかし、じつは毎日、**「財布をリセットする時間」**をお持ちです。みなさん、財布に入れる額を10万円なら10万円に決めておき、毎晩、その日に足りなくなった分を補充されています。余った小銭は小銭皿や貯金箱に入れ、まとまったところで貯金に回す方も多くいらっしゃいます。

そうやって、毎日、財布をリセットし、一定額に保っていくことによって、ご自身の支出の額と内訳を把握されているわけです。

中には、外出時には1万円しか持たないという方もいらっしゃいます。小銭を作り無駄遣いをしてしまうことがないような工夫をされているのです。ちなみに、財布はゲンを担いでゴールドに人気があるように感じます。

一方、財布を持ち歩かない方もいらっしゃいます。出先で支払いが必要な場合は、執事が持ち歩いている立て替え用のお財布から支払います。

ある時、私は疑問に思い、何人かの大富豪に、

「なぜ、お財布を持たないのですか?」

とお聞きしました。

すると、

「お財布を持っているから、お金を遣いたくなってしまうんだ」

とおっしゃいました。

特に一代で成功された方ほど、そのように言われています。そして、月末に執事が出す明細、カード会社の明細を細かくチェックする時間も持たれています。

資産の額が増えれば増えるほど、小さなお金をコントロールする大切さをご存じです。みなさまの考えの根底にあるのは、「収入を1割伸ばすのは大変だが、支出を1

割節約することは簡単にできる」という哲学。

いつのまにか給料が振り込まれ、何に遣ったのかわからないうちに財布がすっからかん……。お金に対しての時間をスケジュールに組み込まないと、このようなことになりかねません。

うまくいく仕組みを持つために

- □身支度などルーティン化されていることに時間を費やさない
- □働かないですむ方法を追究していく
- □「聞く」ことで相手の情報を丸ごと手に入れる
- □口ぐせは自分のマインドを動かす
- □重要なアポは手紙で取る
- □時計は「1秒」の狂いもなくする
- □手元のお金を確認する時間を作る

Part 3

好印象を生み出す技術

——信頼構築の時間は会った瞬間つくる

通常、長い時間をかけて築き上げた人間関係も
壊れるときはあっという間。
しかし、大富豪のみなさまは逆です。
あっという間に絆を深め、
長い時間、深い人間関係が続くのです。

「初めまして」でここまでしていますか？

「社交界って本当にあるの？」

これは私が執事となってから、友人との会話でよく聞かれる質問のひとつです。映画やドラマで見る華やかな社交界は確かにございます。

とはいえ、私もふつうに暮らしていた頃は見たことがありませんでした。よくある異業種交流会やパーティーイベントに集まる人は玉石混交。いろんな方がいらっしゃいますが、大富豪の方をお見かけすることはほとんどないと思います。やはり、いろいろなバックボーンを持った方が集まる会はビジネスリスクを避けるため、人を見極める時間が必要だからです。

では、大富豪の方々はどこで交流会をなさっているのでしょうか？

それは**「海の上」**です。

クルーザーをお持ちの富豪の方の船上パーティー、豪華なパーティー船を貸し切ってのクルーズなど、人を限定することができるうえ、ホテルや飲食店とは異なりますので、他のお客様の目に触れることもありません。これなら、招待された方々もゆったり過ごすことができます。

また、ある大富豪によると、波の揺れが感じられる船上は吊り橋効果のような作用があり、地上よりも新密度が増しやすいそうです。ともすれば名刺交換だけで終わりがちな交流会。そこから会う回数を重ねることで距離をつめていかれる方がほとんどかもしれません。

しかし、それでは遅いのです。

人の先を行くことがビジネスでの成功の秘訣だとしたら、他人行儀な初めましての時間よりも、**一気に心の距離を縮める初めましての時間を演出**されるほうが、いかに意味があり、重要な時間なのか大富豪の方々はよくご存じなのです。

なぜファーストネームで呼ぶのか？

ビジネスの場でファーストネームで呼び合うことというのは、あまりないかもしれません。しかし、大富豪の方は**ついさっき知り合ったばかりの相手にもファーストネームで呼びかけます。**それも相手の地位や経済力に関係なくです。

相手の方は「初対面なのにどうして？」と戸惑ったり、若者たちは緊張で硬くなったりもします。しかし、話を進めるうちにリラックスし表情豊かになってくるのです。

日本人はかなり親しい間柄でない限り、苗字で呼び合うことがほとんどだと思います。これが相手との一定の距離を保つ壁となっています。**ファーストネームで呼び合うということは、それだけで親近感を感じさせ、相手との距離を詰めることができる**

のです。

また、とある大富豪の方は、

「ファーストネームで呼ぶことは、年を取るにつれて、やっていて良かった習慣だと思うことがよくあるよ」

と笑いながら話されていました。

どういうことかというと、相手の名前を思い出せないときに役立つというのです。会話をしていて名前がどうしても思い出せないとき、大富豪の方は「君の名前は何だったかな?」と尋ねます。たいてい相手は「鈴木です」と苗字を答えるので、「鈴木さんというのはもちろん知っているよ。いま尋ねたのは君の下の名前だ」と返すのです。

すると、相手は慌てて「直之」ですと名前を答えます。ここまでくればもう大富豪のペースです。「そうだ、直之さんだったね。それで、直之さんのチームの成績は最近どうだ?」と名前を忘れたことを悟られずに自然に会話が続けられます。しかも、相手との距離を縮めながら。

ビジネスチャンスをものにするにはスピード感が大切です。一番時間のかかる相手との信頼関係を早く築き上げるためにも、呼び方ひとつでもおろそかにせず、最善の振る舞いをされているのです。

幼少期の話が好きなのはなぜ？

大富豪の方というのは、世界的なビジネスに成功されていたり、莫大な富を持っていたりと、かけ離れた世界で生きる人と思われがちです。会って間もないうちはそれだけで、緊張し萎縮されてしまう方も多くありません。

こんなとき、大富豪のみなさまは幼少期の頃のエピソードをよくお話しされています。

「戦争体験で家族や親せきを失い、幼い自分は生きるために必死だったよ」

「小さいころは貧しくて苦労していたはずなんだけど、田舎の野山で駆け回るのが大好きだった」

……など、遠い過去のことを懐かしそうに話される方もいれば、まるで昨日のことのように話される方もいらっしゃいます。

ビジネスの場に、個人的な、しかも子どもの頃の話なんて……と思われる方もいらっしゃるかもしれません。

しかし、**ありきたりな天気やニュースの話では、ただの時間つぶし。だとしたら、親しみが増すようなプライベートやバックグラウンドの話で、自分自身をプレゼンするほうが、ずっと有意義な時間**であると大富豪のみなさまは考えるのです。

実際に私もお話を伺うと、今はこんなに成功されている方にも大変な環境からスタートされていたんだ、今の成功は昔のご苦労があってのことかもしれないな、そう感じずにはいられません。ビジネスという関係でありながら、大富豪の方をとても身近に感じるようになるのです。

幼少期の話題を出す目的はこれだけではないようです。同じように、先方の**子どもの頃のお話を伺うことで、企業情報やメディア記事などからはわからない「人間性」を知ろうとしていらっしゃいます。**

スキマ時間であったとしても、相手との距離を縮めることはもちろん、「この人はビジネスパートナーとして大丈夫だろうか?」という判断材料を集めていらっしゃるのです。雑談ひとつすらも、適当なニュースや天気の話で時間を潰したりしません。自分を売り込むと同時に、自分だけしか知りえない相手の本質を知るための時間にしてしまうのです。

にこやかな笑顔に秘められた効果とは?

人の印象を左右するのは、服装などの見た目だけではありません。大富豪のみなさまは**出会った瞬間に相手に好感と信頼感を与える「お顔」をお持ちです**。

その顔とは、まず目が大きく目力があること。眉が太く、福耳で、歯並びがいいこと。そして、長年のにこやかな表情によって、目じりや口角に笑いジワが刻まれていることです。こうした特徴を持った顔はにこやかで相手に好感と信頼を与え、協力を得られやすいのです。ビジネスに有利なのは言うまでもありません。

では、こうした顔は生まれ持った才能なのでしょうか?

もちろんはじめからこのような「大富豪顔」に生まれ育った方もいらっしゃいます。

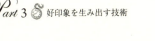

しかし、日ごろの努力によって、表情を手に入れた方も大勢いらっしゃるのです。それほど、**表情はビジネスにおいて欠かせない**ことをご存じなのです。

特に重要なのが目力と笑いジワです。

本当の大富豪は、たくさんの方々に支えられ、数十億円、数百億円という資産を築かれています。目力と笑顔は、大富豪を支え、応援する人を作り出す原動力となっているのです。

人間関係の基本はコミュニケーションにあります。**目力のある人が目線を合わせ、相手の話を聞くと、それだけで〝しっかりと受け止められている〟という印象を与えます。つまり、目力があれば時間をかけてコミュニケーションを取るのと同じくらい、相手の承認欲求を満たしてあげることができる**のです。

この無言のチカラが大富豪の印象を「信頼できる」「大切に扱われた」「真剣に向き合ってくれた」という風に良いものへと変えていきます。

心理学の研究によると、第一印象で受けた相手への好印象は半年近く持続すると言われています。そこで相手に「協力したい」と思わせることができれば、人間関係のベースが築かれます。なぜなら、人は感情的な動物で、感情に従って行動を決め、後でロジカルに理由付けをしていくからです。

一度築いた信頼はよほどのことがなければ、覆《くつがえ》りません。しかも大富豪はつねに、にこやかな表情を浮かべています。

笑顔でいる効果は絶大です。人は**目の前の人が笑顔でいると、無意識のうちに同調し、親しみを感じてくれます**。

また、**笑顔で交渉やお願いをされると、相手の笑顔を崩したくない、相手の気分を害したくないと思い、なかなか断りにくい**のです。

大富豪の方々は経験値として笑顔の効力をご存じで、日ごろからにこやかな表情を崩しません。著名な企業の経営者で、表の顔は厳しい表情で知られている方でも、普段はつねにニコニコしていることが少なくありません。その習慣が積み重なり、いつしか笑いジワなどによって人相そのものが変わっていくのではないでしょうか。

また、周囲の人を叱責しなければならないときも、目力と笑顔がものを言います。普段は笑顔を絶やさない人が険しい表情になり、強い眼力で相手を見つめると、それだけ怒りの大きさが伝わっていきます。

短時間の叱責であっても、表情のギャップで組織を引き締めることができるのです。

一般の人が100人出会ったとき、後々までつながる人脈に育てられるのは1人か2人といったところでしょう。しかし、大富豪は高確率で出会いを人脈に変えていかれます。そして、結んだ新たな縁が次のビジネスへとつながります。

それが可能なのは、**第一印象で相手に良い印象を与え、自然と味方につけているか**らなのです。

占いで手に入れるものとは?

うまくいくという自信は、商談や大事な決断をする際に少なからず影響いたします。みなさまの中にも、「勝負ネクタイ」や「勝負スーツ」など、ここぞというときのゲン担ぎをお持ちの方も多いのではないでしょうか?

大富豪の方々も占いやジンクスを気にされ、大切にされています。男性は特にビジネスに占いなんてと思うかもしれません。しかしなかには毎月、鑑定料を30万円、50万円と払い、占いを受けている方もいらっしゃいます。私などは「高すぎるのでは……」と、つい心配してしまうのですが、ご本人は占いの後、スッキリされた顔をされ、鑑定料に見合うエネルギーを得ているのです。

というのも、大富豪の方々は**占いやジンクスをコーチングのように使っているから**です。

ですから、ネガティブなことを言う占い師は遠ざけられ、「いまが絶好のタイミング」と背中を押してくれる人が残ります。

これは、イエスマンを置きたいのではなく、**成功のためには失敗を恐れて縮こまるより、思い切りのいい決断が大切だとわかっているからです。占いやジンクスはそのためのひと押しに使っている**のです。

神社のおみくじを引いたときも同じです。

大仕事の前に大吉を引けば「ああ、神さまが〝行け〟と言い切ってくれているよ」と捉え、凶が出れば出たで、「今が底辺だから、ここから上がるしかない。チャンスだな」と考え、どちらの結果が出ても仕事に邁進するのです。

また、占い師に話すときも「なぜうまくいかないのか？」と聞くわけではなく、「いつ大勝負にでたらいいのか」など、前のめりに攻めていきます。

たとえ、「失敗するかも」など、ネガティブなことを言われたとしても、一度立ち止まって、懸念材料を見直すきっかけとして活用します。

このように、大富豪の方にとって、占いは自信のない人の神頼み……ではございません。くよくよ自分の中で悩む時間を作らず、前向きに背中を後押ししてもらうためのツールなのです。

靴磨きより大切にしているあのサロンを知っているか？

「男の身だしなみは足元で決まる」とは、ビジネスマナーとしてよく耳にする言葉です。実際に靴にお金をかけたり、靴磨きをしっかりされている方は多いことでしょう。もちろん、大富豪の方々もＴＰＯに合い、ご自分の足に合った靴のためにお金をかけていらっしゃいます。

しかし、私が大富豪の方々のお近くでお世話をしていて驚いたのは足元のことではありませんでした。「指先」にまでこだわっていらっしゃるところです。

つねに爪を切りそろえ、甘皮を取り、クリームを塗って仕上げている方が少なくありません。プロのネイリストの手を借り、栄養剤や自然な光沢が出るコート剤の塗布など清潔で健康的な手元を演出できるよう心掛けていらっしゃいます。

初対面での名刺交換、再会を喜び合う相手、商談を含めた会食の場など、私たちが思っている以上に手や指先はお会いする方々の目にさらされています。そのとき、**健康的で手入れの行き届いた爪は、相手に清潔感や安心感を与える**のです。

人間は第一印象がよくないと、無意識のうちに距離を置こうとします。

「この人と関わるのはやめておこう」

「いっしょに仕事をしていくのは不安だ」

このように思われてしまうと、本来の自分を知っていただく機会も、人間関係を構築するチャンスさえも減ってしまいます。一度根付いてしまった印象を覆すには、相応の時間を要します。

見た目、それも**「爪」という細部にこだわっていらっしゃる大富豪の方々は、第一印象をよくするだけでなく、その一瞬で細部にまで気配りができる人という印象も演出されている**のでございます。

より自分を高く見せるための「読む本」の選び方

お金持ちのみなさまは、必ず応接室に本棚を置いています。なぜかと申しますと、そこに並べる本によって暗黙のプレゼンテーションを行っているからです。

日々、来客するみなさんとの会話の糸口となるよう話題のベストセラーや趣味の本を置く一方で、金融商品の売り込みにやってくる営業担当者を制するために、最新の金融専門書の原書を表紙の見える状態で並べます。

「この人はきちんと勉強しているから、ヘタな提案はできない」

最初にそう思わせることで、商談を有利に運ぶことができるからです。

また、相手が並べた本にどのような反応を見せるかで、その人のレベルを見極めていらっしゃいます。応接室の本棚はいわば「魅せる本棚」なのです。

なかなかビジネスマンの方には本棚を見せる機会はありませんが、エッセンスをまねすることはできます。

たとえば、商談までの時間、待ち合わせ時間など、誰かと会うまでの空き時間がございます。最近ではスマホを見ていらっしゃる方が多いように感じます。

その時間を、本を読む時間に変えてみてはいかがでしょうか?

多くのビジネスマンがスマホを見ている中、本を読んでいる姿というのは印象に残りますし、**読んでいる本を相手に合わせて印象付けられるイメージの本にすれば、会う前段階で戦略的に自分を演出することができる**ことでしょう。

鞄の中に入っている信頼構築グッズとは？

日々持ち歩くカバンにどのようなものを入れていますか？

私が執事をしていて驚いたのは、大富豪の方が**他の人のためのものを持ち歩いていらっしゃる**ことでした。

ある日のことです。お仕えしている大富豪の方と移動していたとき、私が少し疲れた表情をしていたのでしょう。大富豪の方は、カバンからアメを取り出され、「どう？　おいしいよ」と手渡してくださいました。たった一粒のアメですが、口に入れるとホッとして、会話が弾み、気持ちが動く小さなギフトです。しかも受け取る側の負担はわずか。

このようなミニプレゼントは、ほかにも自社のノベルティグッズなどを持ち歩いて、会話の糸口にしたり、自己紹介代わり、あるいは自分を印象付けるために使ったりなさいます。

また、爪切りや靴磨きグッズやばんそうこうなどもお持ちになっています。お会いする人に不快感を与えないように、会った直後に目に行くつま先や指先のケアは、出先でも念入りになされています。また、紙で指を切ったり、靴擦れを起こしたりと、周囲の人間がちょっとしたケガで困っていときに、そっと差し出して助けてあげれば好印象なのは間違いありません。

こうした「人間関係」を円滑にするアイテムをカバンの中にしのばせていらっしゃるのは、自分のためではありません。

出会う人たちをもてなし、喜んでもらおうと思ってのこと。

しかし、このような思いが、ただ**ビジネスをしているだけでは埋まらない相手との距離を、ほんの数秒で縮めてしまう一瞬へつなげている**のです。

人と違うお礼の仕方のポイント

上司や取引先などから、ごちそうになった後、多くの方は翌日お礼を申し上げたり、メールされたりするのではないでしょうか？　あるいはお手紙を書かれる方もいらっしゃるかもしれません。

そのような心遣いは相手の方にとっても大変うれしいものではありますが、大富豪の方はその**手間よりも、スピード**を重視される方が多いように感じます。

みなさま、**その日のうちにまずはお礼**のメールを出されます。たった一言だけであったとしても、会食の余韻が残っているうちにお送りしていらっしゃいます。確かに直後にお礼がくるのと、一週間後に丁寧な手紙がくるのとでは印象が違います。

そして**翌日、感謝の気持ちを直接お伝えなさる**のです。しかも、内容はとても具体的です。「旬の○○がとてもおいしかったです」「好物の○○をいただけてとても嬉しかったです」「初めて伺った○○の話、とても興味深かったです。料理の薀蓄《うんちく》とともに勉強になりました」など、必ずどこが良かったのかおっしゃっています。

お礼がすっと口から出てくるのは、褒めたり感動した気持ちを日常的に口に出しているからかもしれません。若手社員をつかまえて「この前の仕事、あれは本当に良かったよ」、近所の和菓子屋で「ここのまんじゅうは天下一品！」などありふれた日常のワンシーンでも口に出されています。

日本人はお礼であっても定型文化しがちです。嬉しかったこと、感動したことはためらうことなく伝えていくような一瞬一瞬の積み重ねが、人の心を動かす言動につながるのかもしれません。

Part 3のまとめ

好印象構築のために

□会う場所によって相手との距離の縮まり方が変わる
□親近感はファーストネームで演出する
□子どもの頃の話は誰もが持つ心を開く話題
□笑顔は好感と信頼を与える
□一歩踏み出したいときは「占い」も使う
□指先まで手入れできて超一流
□知性は本で演出する
□他人用の〝バンソウコ〟でおもてなしの心を育てる
□好印象以上を手にするには、別れてすぐのメールと翌朝の電話でお礼を伝える

Part 4

つねに活性化した頭を作る技術

――迅速で正しい判断は完璧な体から生まれる

どれほどご自身に
手をかけていらっしゃいますか？
大富豪のみなさまは、時間がないと健康に対して
蔑ろになさることはございません。
小さな今の習慣が、将来の大きな成果になること
をよくご存じなのです。

飲み水を16℃に指定するのはなぜ？

大富豪の方々は、できるだけ長く人生を楽しみたいと考えていらっしゃいます。そのためにも必要となってくるのが、資産を減らさない知恵を生み出す頭と健康な体です。特に健康については造詣が深く、最新の情報を取り寄せ、検証し、実践されている方がほとんどです。

中でも人間の体は70％が水分ともいわれているため、お水にこだわる方々が多いです。水道水ではなく、ミネラルウォーターをお飲みになることは、いまや珍しいことではなくなりました。ご自宅にウォーターサーバーをお持ちの方もいらっしゃるかもしれません。

とある大富豪の方はもっと徹底しております。

ハワイコナ沖の海洋深層水を成分調整し、毎日空輸なさっているのです。私どもはそれを、16・5度にしてお出ししています。ちょうどお飲みになるタイミングで適温になるように、夏や冬では準備する時間にも気を遣います。また、このお水をつかったお風呂はトロっとした感触で、まるで温泉のよう。肌あたりもやさしいそうです。

もちろんこれだけ手間暇かけたお水。私もついお値段を伺い、驚きました。なんとコップ1杯約6万円！

一般的な感覚からすると、成金趣味のような感じさえするかもしれません。しかし、**どのようなものを取り入れることが自分のコンディションをベストな状態へと導いてくれるのか？　それを知り、実践することは巡り巡って、自分の成果へとつながる**のです。

朝食のメニュー以上に気にしていること

みなさまは朝食にこだわりをお持ちですか?

朝は時間がないから、食べない、もしくは食べられるものをパパッと召しあがるという方も多いと思います。

大富豪の方は会食やパーティーが多いため、朝食など、1人での食事では軽めの物を召し上がる方がほとんど。たまごかけごはん、サラダ、フルーツ、ジュースなどが定番の朝食です。

一見、ごくふつうの朝食のようですが、産地や調理法には特にこだわられます。

例えば、お米やたまごは契約農家から直送。さらに常駐のシェフがお米を一粒一粒分類し、大きさをそろえます。米粒を均等にすると、炊き上がりが全然違うそうです。

そこに1個1000円のたまごを落とす。メニューとしてはシンプルなものでも、シンプルだからこそ、素材の良し悪しもよくわかり、ごまかしがききません。

ほかにも、マンゴーは宮崎産、鯖は大分県豊後水道の佐賀県産など、産地を特定いたします。同じ食材でも産地が違うと別ものだとお考えになるのです。

これは、**食が体をつくる**という基本を大切になさっているから、素材がみえる食材や調理法を好まれるのです。

忙しいとつい、高機能栄養食品やインスタント食品に手が伸びてしまいます。しかし、**手軽さと引き換えに体はダメージを受けている**かもしれません。たとえ1人の食事であっても蔑にせず、むしろ**体のためにこだわりをもつことは、将来の健康リスクを回避し、治療などに時間を取られることを防ぐ**ことへとつながります。

高級食材を日常的に召しあがることが難しくても、大富豪のみなさまがお持ちになっている、**「充実した時間は健康な体が引き寄せる」**という意識は、私たちでも取り入れられる習慣でございます。

大富豪が決して削らない時間とは?

ビジネスマンのエチケットとして、歯ブラシを持ち歩いていらっしゃる方も多いかと思います。大富豪の方々もつねにカバンの中に常備し、歯磨きは欠かしません。

しかし、じつはこれ、単にエチケットだけの問題ではないのです。

健康に関する最新のエビデンスに敏感な大富豪の方が、前にもまして「歯」を重要視されるようになりました。これは、歯周病が心筋梗塞や脳梗塞の遠因になるという研究が進んでいるためです。多くのお金持ちが食後の歯磨きを習慣化されています。

健康は最大の財産ですから、そのための時間や労力は惜しみません。

私のお仕えしている大富豪の方々の中にはメディカルサロンに通っている方が多く

いらっしゃいます。メディカルサロンとは、会員制医療サービスのことで、各分野の名医と呼ばれる医師が顧問ドクターになっています。健康相談はもちろん、最新の医療機器を使って精密検査を行うこともできます。

サロンというだけあって、雰囲気は病院とは違います。高級なクラブのようにゆったりとしたソファがあり、個室で診察してもらえます。これだけの設備とサービスですから、健康保険なんてききません。

費用はすべて自己負担で、入会金に100~200万円、年会費30~50万円というサロンが多いようです。しかし、一般の患者さんでは診てもらうために何か月も待たなければならないような名医に相談でき、最先端の検査が受けられると考えると、費用対効果は高いとお考えになるようです。

むしろ、**自分の慢心や生活習慣の乱れから、大病を招くことのほうがマイナス**。このため、**歯磨きのようなささいな時間でも決して軽んじたりなさいません。**

年に1回の健康診断をわずらわしく思ったり、1日数分の健康習慣をしないという選択肢は、将来の大きな時間のロスにつながるという意識がとても強いのです。

下着にもこだわるのはどうして?

みなさまは見た目のどこにお金をかけますか?

スーツ、靴、時計……。

大富豪の方は「印象」にお金をおかけになっています。TPOに合わせた服装、華美過ぎず、しかし高級な靴。たくさんの大富豪にお仕えしてきましたが、基本的にみすぼらしい恰好をされている方はいらっしゃいませんでした。

ファッションに無頓着な方でも、必要とあらばファッションコーディネーターを付けるなど、身だしなみを整えらえています。

これは立場上、「自分がどう思うか」よりも「人からどう見られるか」を重要視されているからです。

そして**印象を左右するために特にこだわっているのが「下着」**です。

肌触りにこだわられるのはもちろん、姿勢を整える機能を持つ下着を愛用されている方が多くいらっしゃいます。心理学的に、背筋の伸びた人からは自信に溢れた人物という印象を受けるそうです。

ですから、大富豪の方々は「姿勢」をとても大切な要素と考えるのです。

矯正下着の既製品は3万円ほど。お金持ちの中には20～30万円かけて、自分の体型に合わせた矯正下着をオーダーする方もいらっしゃいます。

また、脳科学の研究では、姿勢が整うとポジティブな思考になることもわかっています。

つまり、**下着にこだわると姿勢が変わる。**

姿勢が良くなると気持ちが変わる。

気持ちが前向きになると、行動が変化する。

お金持ちは機能性下着を起点に堂々とした自分をつくっているのです。

ただ補正下着を着るだけですから、誰でも一瞬で自信に溢れた雰囲気とポジティブ思考が手に入ります。使えるツールに頼ることは時間をムダにせず、なりたい自分になる近道なのでございます。

食事の時間はどうやって決めている？

あるとき、大富豪の方のフライトに同行いたしました。ビジネスクラスやエコノミークラスが決まった時間に食事が配られるのに対し、ファーストクラスは好きな時間に食事をとることができます。そして他のお客さまもその時間はまちまちなのです。

食事の内容に対しては並々ならぬこだわりをお持ちの大富豪ですが、時間に関してはむしろ規則正しく毎日3回、という方はあまりいらっしゃいません。会食ということがなければ、1日に一度だったというときもあれば、4、5回という場合もございます。

時間を大切にする彼らですから、世間一般の自分に合わない時間のルールに縛られず、自分で時間の使い方を決められています。お腹が空かなければ食事をしないし、つまらない間食でお腹を満たすくらいなら、食べないという選択をなさいます。ご自身が満足しない食事というのは取るべき時間ではないと考えていらっしゃるのかもしれません。それならば本当に空腹で我慢できなくなるまで、仕事に没頭するほうが有意義だと考えるのでしょう。実際に、間食に甘いものなどを召し上がっているところを、見かけたことはございません。

それは高級レストランでの食事中でも同じです。一口、二口食べて、自分の口に合わないと思えば、食事をやめます。私から見れば、目の前の高級料理を残すのはとてももったいなく感じますが、彼らにとって、自分に合わないものでお腹を満たすことのほうがずっともったいないことなのです。

大富豪は**限りある時間を大切にするように、限りある食事の時間も大切になさいます。人生を有意義なものにするためにも、ムダな一食は取らないというのが本当の贅沢**というものなのかもしれません。

なぜ体を鍛える人が多いのか？

朝が早い大富豪の方は多いのですが、その時間に体を動かされる方も多くいらっしゃいます。激しい運動ではありませんが、ジムやプール、そしてヨガをなさる方が多いようです。

一見、健康のための習慣のように思われますが、弱い自分の心に打ち勝つ時間と捉えていらっしゃる方もいます。

たとえプライベートジェットで移動中でも、出張先でも定刻になると有無を言わさず、トレーナーがヨガを始めるのです。そこまでしなくてもいいのではと思い、伺ってみると、「一度いいやと思ってしまうと、それは、二度、三度となり、そのうち常態化してしまう。その思考はほかの習慣の時にも顔を出すようになってしまうからね」と、この方はおっしゃったのです。基本は健康のためではありますが、その一方で**自分の決めたことをやり通す、メンタルを鍛える時間**でもあったのです。

また、体を動かすことはメンタルヘルスにも良い影響を及ぼすことはよく知られています。メンタルヘルスに影響を及ぼす脳内の神経伝達物質セロトニンは、不足するとイライラしたり、怒りっぽくなったり、憂うつな気分にさせる一方、量が増えると心が落ち着いて気分がさわやかになり、集中力が高まると言われています。このセロトニンは適度な運動によって分泌が促されるのです。

社運を左右する難しい決断や、投資などでの一瞬の判断、また部下をまとめ上げる統率力はビジネスセンスだけではまかないきれません。それも、資産を絶やさないためには、成功し続けるという持続力が不可欠です。大富豪にはメンタルの強い方が多いように感じますが、このような健康のために行っている時間を通じて、さらにご自身のメンタルを強化されているのです。

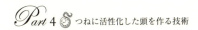

Part 4のまとめ

活性化した頭のために

□細胞をつくる「水」にこだわる

□充実した時間は健康な体が引き寄せる

□歯磨きなどの日々の健康習慣をおろそかにすると
　将来大きなしっぺ返しがくる

□下着にこだわると一瞬で見た目も頭の働きも良くなる

□限りある食事の時間。ムダな一食で満たさない

□体を動かしてメンタルを整える

Part 5

最高のコンディションを作る休息の技術

――完全休養を軽視しない大富豪の考え方

休みなく働くことが
成果を上げる近道だとお考えでしたら、
いますぐおやめになってください。
休みは何のためにあるのか？
大富豪のみなさまは、その重要性を
たいへん大切にされています。

最高の睡眠は何をもたらすのか？

これまでお仕えしてきた国内外の大富豪のみなさまに共通する習慣が、1つあります。それは質の高い睡眠を追究する姿勢です。

寝ている時間なんて何もできず、ムダな時間ではないのか？

成功者ほど寝る間を惜しんで働いているのではないか？

そのように考える方も多いかもしれません。

かつてあるベッドメーカーが「人生の3分の1は眠っている」というコピーを使っていましたが、実際、私たちは人生の20年以上をベッドや布団の中ですごしています。

これほどの膨大な時間を快適で有意義なものにすることに、大富豪は強いこだわりを持っています。巨額のお金を動かしたり、仕事で重大な決断をすることが多い大富豪は、**睡眠の質がそのまま翌日のパフォーマンスにつながる**ことをご存じだからです。

最新の脳科学でも、**脳の働きのゴールデンタイムは朝、目覚めた後の3時間**だとされています。実際、大富豪のみなさまのほとんどは目覚めてすぐに、次々と重要な案件の意思決定をすませてしまいます。

以来、執事である私も、ここ一番の繁忙期は徹夜などせず、あえて早く寝ます。目覚めはスッキリし、集中力が違うのを実感しています。

大富豪となられる方は、経験的に良き眠りが、良き日常を作り出すことを理解されているのでしょう。

このため、夜の会食やパーティーの際には事前に会場の近くにホテルを予約。これも会が終わった後、ロスタイムなくスムーズに眠りにつき、翌朝の「目覚め」に備えるためのこだわりです。

つい睡眠を削って頑張ろうとしがちですが、本当の成功者の多くは「眠り」にこだわることが成功への近道ということをご存じなのです。

仕事場の近くに居を構えて、通勤時間を短縮したり、シーツやベッドにこだわってみるなど、睡眠を次の日に向けた充電時間に変えてみてはいかがでしょうか。

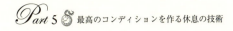

寝室が豪勢なのはなぜ？

良質な睡眠のために欠かせないのが寝具。私も身の回りのお世話をさせていただいて、お金のかけ方が他の家具と一線を画しているのがわかります。

例えば、睡眠の決め手となるベッドとマットレス。オーダーメイドのベッドはフレームとマットレスだけで数百万円。中には５００万円以上かけているという方もいらっしゃいました。

よく、枕が変わると寝付けないと言われる方がいらっしゃいますが、大富豪の方も同じ。ベッドが変わると眠れないという方のために、宿泊先へベッドとマットレスを持ちこむということはよくあるリクエストです。

このベッドでさらに重要になるのが「シーツ」です。

なぜなら、大富豪の方はパジャマを着られる方よりも、何もお召しにならない方が多いからです。というのも、パジャマも体へはストレスとなり、良質な睡眠を阻害するものと捉えるからです。

したがってシーツも肌触りに徹底的にこだわった特注品となり、1枚40万円もするものも珍しくありません。

これほどまでにお金をかけてでも確保すべき「良質な睡眠」。一般的には不可能なことかもしれませんが、夜はただ寝るだけという考えから、その質を高めることへ意識を向け、投資されてみてはいかがでしょうか？　日中にただがむしゃらに頑張るよりも、効率よく仕事が進められることと思います。

昼間のパフォーマンスを大切にするために

大富豪の「特別室」と聞けば、集中するための部屋、重要な人物と密会するための部屋、社外秘のものが集められた部屋……などが思い浮かぶかもしれません。

その実態は「昼寝部屋」です。

睡眠を重要視する大富豪の方ですから、日中も高いパフォーマンスを維持するために、「昼寝部屋」を確保されているのです。

もちろん、昼寝だからといって、手を抜いたりされません。あくまでも「良質な睡眠」を追究されています。なにしろ、1泊3、4万円するオフィス近く、都心の高級ホテルを年間契約されていたり、出張時にも使えるようにと地方のマンションを借りられている方もいらっしゃいました。

休みなく働くよりも、一度完全に脳を休めてリフレッシュさせる方がパフォーマンスをあげることを体感されているからでしょう。

休み時間返上で働いている方がいらっしゃったら、お昼休みに思い切って完全休養を取るということをなさってみてはいかがでしょう?

これまで足を引っ張られてきた、ケアレスミスやアイデアの煮詰りといった、なくしたい時間から解放されるかもしれません。

大富豪の休みは何日ある？

あるとき、お仕えしている大富豪の方から、「カレンダーを作ってくれ」とのご用命がありました。不思議に思い、理由を伺いました。

「市販品には色がついているだろう。土曜日は青、日祝日は赤。これが気に入らない。全部が黒文字のカレンダーを作りなさい。色がついていると目を引く方に引っ張られてしまう。休みは自分で決めたいんだ」

とおっしゃいます。

じつは、私ども執事のお仕えする大富豪のほとんどは「周期的に休む」という概念をお持ちではありません。

つい最近も「ハワイに行ってくる」と言われるので、休暇かと思いきや、商談を軸にしながら前後に余裕を持ったスケジュールを組んだ、仕事中心のご旅行でした。

私どもは仕事と休みを区分けしますが、大富豪のみなさまは**公私混同が基本**。これは自分で時間をコントロールできる立場だからこそではありますが、時間への考え方はとても勉強になります。

決められた予定のために時間を振り分けるのと、自分で決めた予定のために時間の使い方を考えるのとでは取り組み方も変わってくるでしょう。**自分で決めたことに時間を使うことは仕事であれ休みであれ、自主的に行動いたしますから、同じ時間の使い方でも密度の濃い時間を過ごすことができる**のではないでしょうか。

後悔する休日、完全にリセットできる休日の違い

お金持ちの休日といえばパーティーを開いたり、海外へ行くなど贅沢に過ごすイメージがあるかもしれません。しかし、贅沢は贅沢でもまったく違う意味の贅沢な時間を過ごされているのです。

基本的にはのんびり読書をされるとか、家族との交流にお時間を使われるケースがほとんどです。遠くに旅行に行っても、観光地や地元の名物など大した興味がなかったら、あくせくまわるようなことはしません。

「何もしない」という非常に贅沢な時間を過ごされています。

この何もしないという本当のお休みを通じて、ご自身を1回リセットされ、取り組んでいる事業を客観視し、新しい発想や新しい事業のヒントを見出していらっしゃる

ように思えます。

また、ご自身がお持ちの山林にテントを張り、電気、ガス、水道、携帯電話もない環境で、畑を耕し、1～2週間、仙人のような生活をしている方もいらっしゃいます。

豪華絢爛な暮らしは、ある一定の天井まで行くと面白みがなくなると聞きます。だからこそ、普段味わっている毎日の便利さを休みの日にリセットし、「日常のありがたさ」を噛みしめ、働く活力源にしているのではないでしょうか。

「何もしないまま休日が終わってしまった……」

過ぎ去った時間を後悔する休日の過ごし方をされた経験、みなさまにもあるかもしれません。同じ何もしない休息の時間ですが、**何のための休息の時間なのかを意識するだけで、休みの時間の充足度、そして休み明けの活力が大きく変わってくる**ことと思います。

最高のコンディションのために

□睡眠の質がそのまま翌日のパフォーマンスになる
□良質な睡眠は寝室がつくりだす
□昼寝で高いパフォーマンスを維持する
□仕事であれ、プライベートであれ、自分で決めたことに時間を使う
□休日は、何のための休息の時間なのか、自分に問い直す

Part 6

投資の技術

——高回収率が期待できるものだけにお金をかける

回収できるものにしか投資しない。
それは金融商品に限ません。
教育や人間関係や借金、預金すらも。
これが大富豪のお金を増やす基本です。

高級食器を日常で使うことで訓練していること

突然ですが、お子さまが使っていらっしゃる食器はどこでお買い求めいただくことが多いでしょうか？

すぐに割ってしまうから100円均一、スーパーのセール品、耐久性に優れたプラスチックのものなど、さまざまな視点からコストを考えて最適なものをお買い上げいただいていることと思います。

大富豪のみなさまも、お子さまには最高にコストパフォーマンスの良い食器をお使いになっています。いったいどんな食器かと申しますと、装飾が繊細な高級食器です。

お金持ちだから高い食器を使っていて当然、そうお思いになられますか？

そうではないのです。

ご家族の**日常に高級食器をお使いの場合、それは美しい所作を作る訓練**。社交の場は食を介した場が多く、振る舞いの下地作りとなっているのです。

例えば、１００円のコップでも、10万円のグラスでも役割はかわりません。特にお子さまは不注意から食器を割ってしまうことがありますから、扱いやすいもののほうがいいように思います。けれども見た目が美しく、壊れやすい食器であれば、大人はもちろん、お子さまも丁寧に扱います。このようにして、お子さまが自然とテーブルマナーを身につけられる仕組みを大富豪の方はお持ちなのです。

お子さまの将来を考えて、教育には時間もお金もできるだけかけてあげたいというのはどんな親御さんも同じだと思います。社交性やマナーを身に付けるために、塾や習い事へ通わせていらっしゃる方も多いことと思います。

しかし、そのような時間をかけなくても、**日常生活の中でできることはあり、できるのならやってしまう。このような効率のよい時間の使い方も一緒に、親の姿を見ているお子さまへ継承されていく**のです。

教育費にお金をかけるのは勉強のためよりも…

大富豪の子、といえば子どもが小さいころから私立の名門校に入れ、高学歴エリートへと育てていくという印象をお持ちかもしれません。しかし、その狙いは学力ではなく別のところにあるのでございます。

以前、私はとある大富豪の御子息の送迎でスイスにあるボーディングスクール（寄宿学校）を訪れました。ちょうど夏休み明けのタイミングで、最寄りの空港は各国のプライベートジェットでいっぱいでした。

日本の一般的なお受験のイメージは学習塾で勉強し、いい学校に入学させるというものです。

ところが**お金持ちは教育方針として、勉強よりも人脈を重視されます。**

来年の受験、数年後の就職ではなく、20年後、30年後の御子息の将来を見据え、そのための準備として国内の小中高大一貫校やイギリス、スイス、アメリカ、カナダなどのボーディングスクールを選ばれるのです。その学費は年間で2000万円。この他に寮費がかかり、卒業までは億の世界です。

それだけの投資をおこなうのは、長い時間同じ学び舎で過ごすことで生まれる深い人脈に価値を見出されているからです。国内の有名校や海外のボーディングスクールには、一定の財力のあるいい家の御子息や有力企業の二代目、三代目、飛び抜けた天才児が集まります。

彼らと学び、友情を育み、人脈が築かれれば、**20年後、30年後に倒産や破産といった危機が訪れても、その人脈を活かしてゼロから這い上がれる**という考え方です。

また、アメフトやアイスホッケーなどのチームスポーツ、テニスやゴルフといったクラブハウス文化のある競技に触れさせ、連帯感、社交力、競争力を育ませます。

ほかにも、海外への短期留学や夏休みのサマースクールなど、「同じ釜の飯を食った仲」となる体験型、寄宿型の習い事を重視し、お受験用の勉強合宿はお選びになりません。

学力を伸ばすことに時間をかけるよりも、人脈という財産を築くことに時間をかける、これが大富豪の方々の教育方針なのです。

意外にも借金が多いのはなぜ？

「借金」という言葉に、よくないもの、できたらしないほうがいいこと、というイメージをお持ちの方は多いと思います。

経営においても、借入金が多ければそれだけ債務を抱えることになります。利子の支払いだってばかになりません。誰だってあえて借金をしようなどと考えないものです。

しかし、大富豪は手元に十分な資金があったとしても、**あえて金融機関からお金を借りる**ことがあります。

なぜこのようなことをなさるのか？

それは「信用力」を高めていらっしゃるためです。

金融機関は慈善事業ではございません。厳しい審査を通して融資を決めます。回収できる見込みのない相手にはお金を貸すことはないのです。つまり、借金ができるということは、それだけの返済能力があると認められた証なのです。しかも、大金を借りることができて、その金額を期日に返済していれば、金融機関からの評価はさらに高まります。

また、豪邸や高級車を数多く保有していたとしても、じつは個人の所有物ではないということもあります。会社名義になっていたり、リースや賃貸の形式で利用していたりします。これは、個人の資産を増やしているだけでは、万が一経営がつまずいたときに差し押さえられてしまったりするからです。

経営者にとって避けなければならないのは、資金繰りに失敗し、経営が立ち行かなくなること。このような事態に陥ってから何とかしようとしても、どうにもなりません。

目先の利益だけ考えれば「借金」は回り道のように思われるかもしれません。しかし、事前に**周りからの信用度を高めておく仕組みを作っておくことは、いざというときの自分を助けてくれる**のです。

資産運用は何をしているか？

とある大富豪の方から、「1日1％の金利がつく金融商品を知っているか？」と聞かれたことがありました。年利ではなく1日ですからトイチです。

日頃、幾多のお金持ちのみなさまにお仕えしても庶民感覚が抜けない私ですから、脳裏では「怪しい」という危険信号が点滅しました。

ところが、数日すると別の方からも同じ商品の話が……。

思わず「騙されていませんか？」とお聞きすると、「みんなが怪しくないと思っているような商品は儲からないよ」「リスクが高くても、思い切ってそこにお金を投じることができるかどうか。それがお金を増やせるかどうかの分かれ目なんだよ」という言葉がかえってきました。

じつは怪しげな儲け話を投機と考え、話に乗っかる資産家は少なくありません。

彼らは

「新しい手法で法整備が追い付いていない」

「実態がよくわからない」

「投資している人がまだ少ない」

を「儲かる3か条」だと考えて、逆に攻めていくのです。

そういった話は普通の人は「危険だ」と敬遠します。

自分が知らない、理解できないだけで人は「怪しい」と思ってしまいます。しかし、未開拓の分野でライバルがいないからこそ、利益率は貯蓄や国債のような安定運用とは比べ物にならないのです。

もちろん、怪しい話に乗って騙されたり、損するケースも少なくありません。それなので「こういうお金はなくなってもいいつもりで投じること」と言います。

こと投資のことになると、保守的になり、悩むのが普通だと思います。それでも積極的に怪しい儲け話に投資できる大富豪の方々は、投資とリターンを瞬時に見極める力を日々養っているからです。

悩む時間を取るなら、見極める力をつける、これが資産運用の考え方なのです。

贈り物はどんなときにしているのか？

ある大富豪の方を空港へお出迎えに行った帰り道でのことです。車がご自宅の近くまで来たとき、「あそこによって欲しい」と言われました。

指さされた先は、移動用の車を購入したカーディーラーでした。私は「何か不具合でもあったのかな？」と思いましたが、スタスタと店に入ると、担当の営業マンに「出張先のおみやげ。みんなで食べてよ」と手渡されていたのです。

驚きましたが、じつはこれこそ、お金持ちに共通する贈り物の渡し方です。

ふつう、社会人は「お世話になっている先」に贈るだけですが、**お金持ちは「お世話している先」にも贈り物を届けます**。

すると受け取った側には心理学でいう「返報性の法則」が強く働き、1つの贈り物で破格の対応をしてくれるようになるのです。

また、**贈り物を手渡しする**というのも、お金持ちの方々の送り方の共通点です。ご自分ないし、私たち執事が相手のご自宅やオフィスを訪ね、品物の由来などをきちんと伝えます。これは贈り物をきっかけに、大切な人とコミュニケーションを深めたいという思いがあるからです。

特に開店祝い、独立祝い、転職祝いなど、新しい門出の際は絶好のチャンス。お祝いの言葉とともに贈り物をすれば、強く相手の印象に残ります。

最近は贈る人が少なくなっていますが、お中元、お歳暮、お年賀といった「季節の御挨拶」も忘れません。物をもらえる嬉しさだけでなく、**「あなたのことを考えている時間を作っていますよ」というメッセージは、思った以上に大きな影響を与え、より大きな好意で返ってくる**ものなのです。

膨大な資産を守るための原則とは？

資産を守るために貯金をする。このような考えは大富豪の方はなされません。たとえ**資産防衛のためであっても、お金を生み出さない時間は作りません**。

とはいえ、資産がゼロになってしまっては元も子もないので、金持ちであり続けるために、3つのルールに厳格にしたがって、資産を守り抜いていらっしゃいます。

1つ目が、**「投資先は300年以上前からあるもの」**。

歴史が浅いものは、信頼と知名度の積み重ねがありません。運用先としては安定性が低く、価値が短い間に大きく変わる可能性があります。

だから、資産を守るためには古くから「価値がある」と認められた土地、金などの現物に投資します。

資産を増やすための攻めの投機では、リスクある商品でも買う一方、資産防衛のためには石橋をたたいて〝壊す〟ほど慎重なのです。

たとえば、都心の土地を買う場合。もしかしたら多くの方は、地価の上昇率や値上がり予想を調べるかもしれません。しかし、大富豪の場合、古地図などを取り寄せ、300年前のあり様を調査します。大きな自然災害が起きるとあらわになりますが、土地には古くから安全な場所、危険な場所があります。300年前に海だった土地よりも、当時から栄えていた地域や災害時に被害の小さかった土地を選ぶことで、暴落する可能性の低い不動産を手に入れることができるのです。

2つ目は、**「火をつけても燃えないもの」**です。

お金持ちは紙幣や株式といったものをあまり信用していません。その理由は、お札は火をつければ燃え、銀行も潰れることがあり、証券などの電子データも失われる可能性はゼロではありません。

幾度となく戦火に追われたユダヤ人がゴールドを重視し、金歯や指輪、ネックレス、時計などに形を変え、つね日頃から身に付けていたように、お金持ちは燃えても残る資産を大切にします。

実際、私がお仕えしているお金持ちの邸宅には、必ずと言っていいほど、地下には金庫があります。それも、ホテルや旅館にあるようなボックス型ではなく、壁に埋め込んだ耐火金庫です。

その中には、金やプラチナの延べ棒が収められ、非常時の備えとなっているのです。金やプラチナは、最悪、燃えても残るからです。

そして、燃えないという思想は、不動産投資の際も貫かれています。攻めの投資、投機ではマンションの区分所有も活用しますが、資産防衛で購入するのは、やはり土地です。上が火事で燃えても土地は残り、新たに何かを建てることで、また更なる収入を生み出してくれるからです。

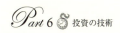

3つ目は**「数に限りがある（有限である）もの」**です。人の手で作り出しにくいもの、ともいえるかもしれません。

理論上、通貨は中央銀行と国、株券は企業という発行者の思惑でいくらでも増やすことができます。大富豪たちは、心のどこかで「こうした人工的な価値は、ある日突然暴落する可能性がある」と考えます。

だからこそ、埋蔵量、発掘量が限られている、金、プラチナ、やすやすと増やすことのできない立地の良い土地、発行数の決まっている記念の金貨、現存数の少ないクラシックカーやビンテージのワインやアンティークなどを重視するのです。

また、大富豪の間でビットコインへの注目度が高いのも、綿密なプログラムによって発行量が制限されているとされているからでしょう。とはいえ、ビットコインは新しい投資先。資産を増やすための攻めの投資に使う方はいても、資産防衛に使おうとする方はまだいません。

この3つのルールをクリアしているのは、土地、金、プラチナといったところでしょうか。お金を生み出す時間を確保する一方で、資産を守るお金の使い道を確保しておくのも大富豪たるゆえんなのです。

預金を増やす意味はどこにあるか？

通帳の明細を見て、お金の出入りを確認するだけでは、もったいないことをなさっているかもしれません。大富豪のみなさまも預金に対して同じように時間を使っていらっしゃいます。しかし、一般の方と違うのはより**預金ですらもお金を引き寄せる時間の使い方をなさっている**ことです。

では、どのような銀行とお付き合いをされているか申し上げますと、大きく3つのタイプに分かれます。メガバンクと呼ばれる「大手都市銀行」や、その系列の「信託銀行」。富裕層向けのサービスが充実したスイスの「プライベートバンク」。そして、地元の「地方銀行や信用金庫」です。

メガバンクは取引先への送金など事業での決済、信託銀行やプライベートバンクには資産管理を任せ、日常的な預貯金などのメインバンクには、地方銀行や信用金庫を利用されています。

意外と思われる方もいらっしゃるかもしれません。しかし、実際に私どもがお仕えしている大富豪の中にも、**地方銀行や信用金庫をメインバンク**とされている方が多くいらっしゃいます。

なぜなのかを明かす前に、1つ質問があります。

あなたは銀行での貯金額を増やすことの意味はどこにあると考えますか？

明日への安心のためでしょうか？　それとも通帳の数字が増えていく充実感のためでしょうか？

大富豪の答えは「将来、お金を借りるときのため」です。

具体的に言えば、勝負どころでの事業資金の調達や不動産投資などに使うローンの融資といった場面です。

こう聞くと、自分には無関係と思われる方もいらっしゃるかもしれません。しかし、マイホームの購入時の住宅ローン、子どもの教育資金を補充する学資ローンなど、多くの人が人生の節目で「お金を借りる」経験をされています。その際、どこの銀行との付き合いが有利かと考えると、地方銀行や信用銀行が浮上するのです。

メガバンクでは個人の貯金は融資審査にはほぼ影響を与えませんが、地方銀行や信用金庫ならば長期にわたって定期預金をしていることが信用となり、査定時にプラスに働きます。また、信用金庫では入金、出金時に営業担当者が直接、自宅や事務所へ足を運んでくれます。

メインバンクは世間的な認知度が高く、支店やATMが多く便利です。しかし、メガバンクの考えるお客様は基本的に大手法人。最近でこそ、個人サービスも充実してきましたが、ベースには法人に勤める人へのサービスの一環として、個人口座を管理している感覚があります。

一方、地方銀行、信用金庫は地元密着。預金してくれる個人一人ひとりがお客様です。例えば、3000万円の貯金をするとします。メガバンクは投資信託を勧めるパンフレットを渡してくる程度。しかし、地方銀行や信用金庫の窓口ならば、支店長室や応接室へ通され、営業担当者の付く「上客」として認定されます。

同じ預金額で不特定多数の1人となるか、重要なお客様と認定されるか。私自身、信用金庫をメインバンクにするようになってから、後者の心地よさを実感しています。盆暮れにはあいさつの品を手に営業担当者や支店長があいさつにいらっしゃいます。それ以外にも、経営者向けのセミナーや、その信用金庫の重要取引先企業が集まるパーティーや会食などにお招き頂いたりと、お金では得ることができないサービスを提供してくれます。

些細なことかもしれませんが、ただ預けているだけでこれだけの差がつくのです。

ただ単にお金を寝かしている時間にはなさらないのも、大富豪がお金を生み出す秘密なのです。

いざというときにムダな時間を過ごさない大富豪の「保険」

私が会社員時代、保険の営業マンがオフィスにやってくると、「また営業トークか……」と億劫な気持ちになったものです。「いま」やらなければいけない仕事が山積みなのに、起きるかどうかわからない「未来」の話しをされるのは時間のムダのように感じたからです。

ところが、大富豪の皆さんは保険の営業マンを笑顔で迎えます。

なぜなら、彼らが「儲け話」を持ってくるからです。

どうして保険が儲け話になるかというと、じつは、生命保険は税金対策に優れた商品だからです。

多くの大富豪はご自分の経営する事業会社のほかに、資産管理会社を持っています。この資産管理会社が管理している支払人、保険金の受取人も資産管理会社にして加入すると、年間の保険料の全額〜2分の1を必要経費として計上できるようになるのです。

例えば、私のお仕えする大富豪は10億円の生命保険に加入し、毎年5000万円近い保険料を支払っています。

必要経費として計上すれば、掛け金で税金が控除されます。

しかも、亡くなったときには当然、満額の保険金が資産管理会社に支払われます。資産管理会社も家族に相続されるので、実質、家族に保険金が支払われるのと同じです。相続税額を減らす効果もあるのです。

また、法人向けの逓増《ていぞう》定期保険という、退職金制度と組み合わせた貯蓄型の保険商品もあり、お金持ちは専門家の知恵を借りて、税金対策を行っています。

一見、会社員には関係のない仕組みのように感じるかもしれません。

しかし、何が本当の得なのかを見極めるためには、保険ほどいい商品はないのです。

例えば、自動車保険をはじめとする、損害保険。これを大富豪は、保障の安心ではなく、事故の際に生じる交渉や手続きを保険会社や弁護士に任せられる、時間や手間の節約になることを評価しています。

逆に医療保険は未加入で、人間ドッグやＰＥＴ検査などの病気の予防に力を入れます。

まだ見ぬ、いざというときの備え。

そのときすらもムダにしないように、厳選した方法をすでにお持ちになっているのです。

Part 6のまとめ

投資した以上にお金を得るために

□子どものマナーは日常生活で身に付けさせる
□子どもの教育は勉強よりも付き合う友人のランクを上げる
□あえて借金して銀行からの信用を高める
□儲かる3か条をもっておく
□お世話する人への贈り物はそれ以上のリターンがある
□資産防衛の投資は「300年以上ある」「燃えない」「有限」の条件をクリアしたもの
□預金中もお金に働いてもらう

Part 7

遊びの技術

──大富豪は遊びの時間すらもお金に変える

楽しい時間は
お金を遣って手に入れるものか？
お金まで入ってくるものか？

大富豪のみなさまは、楽しい時間をお金に換える
遊びの技術をお持ちです。

大富豪がホームパーティー好きの理由は?

深い人間関係を大切になさっている大富豪のみなさまは、ご自宅でホームパーティーを開かれる方がとても多いです。しかも、頻繁に開催される方も多くいらっしゃいます。会場や駐車スペースなど、ホームパーティーを見込んでご自宅を設計される方も少なくありません。海外の大富豪が船を持っているのも船上でホームパーティーを開催できるようにするためです。

それは、豪華なホテルやレストランを貸し切るよりも、プライバシーやセキュリティが守られるというメリットがあるからです。

話を聞かれたり、鉢合わせしたらまずい方、表にはできないようなお金の話……。ホームパーティーなら呼ぶ人はホスト側が選ぶことができます。また外の目がないので、どこにどんな人がいるかわからないという不安も解消できます。表面的な友好を深める時間にするなんてことはなさらないのです。

また、「高級レストランに招かれた」というのと「自宅に招かれた」というのは招待される側の印象も違います。そこで、呼び寄せられたシェフや音楽家などの演出や、大富豪ご自身が手料理を振る舞われたりすれば、それは忘れられないパーティーのひとつとなります。「また来たい」「これからも関係を続けていきたい」となり、大富豪の方々の幅広い人脈となるのです。

ちょっと飲みに行く、接待をするというのも信頼関係の構築にはいいのかもしれません。しかし、ときには大富豪の方のように、ご自宅に招くというのも手なのかもしれません。

お昼をふるまったり、ご家族を交えての仮装パーティーなど、あまり負担にならないやり方でエッセンスをまねれば、**かけた時間以上に相手との距離は縮まる**のではないでしょうか。

どうして若い友人を増やすのか？

大富豪の方が主催するパーティーのお手伝いをすることは執事の仕事としても多いのですが、そこで驚かされるのが集まる方々です。大富豪のパーティーというと、相応の経営者や各界の著名人などを想像なさるかもしれません。もちろんそういった方々もいらっしゃるのですが、部下や勉強会で知り合った若者など、世代や職種を越えたバラエティに富んだ方々が参加されているのです。

特によくお話しされているのが成長途上の若者です。

すでに成功されている大富豪は、なぜほかの成功者よりも、成長途上の若者に声をかけるのでしょうか？

それは、「先行投資」という意識を持っていらっしゃるからです。

株も大儲けをするには高値を維持している株よりも、成長が見込めるものにいかに早く投資するかがカギとなります。

大富豪の方の中には、定期的にコンペのようなものを開き、優れたビジネスアイデアを若い人たちから集める方もいらっしゃいます。この中に素晴らしいと感じるプランがあれば、実際に採用したり、起業を手伝ったりされるのです。


このようにして、結果的に支援した若者が成功すればご自身への成功や儲けへもつながっていきます。大富豪の方が**交流会を開く意味は、新しい芽を見つける、もしくは新しい刺激を受けること**にあるのです。

似たようなもの同士で集まっているだけでは得られない時間の使い方をしっかりと取り入れていらっしゃるのです。

ノミニケーションへ行かずに部下の心をつかむのは?

ちょっとご馳走したくらいで部下の態度は変わらない。ノミニケーションもいまやなく、なかなか部下との距離を縮めるのに時間がかかる。

このようにお悩みの方も多いかもしれません。

私が長年お仕えしていて、大富豪の方々は部下の心をつかむのもとても早いように感じます。そして、その秘密は独特なおごり方にあるのではないかと思うのです。

例えば、ある大富豪の方は大きなプロジェクトが成功したときに、「ごはんでも食べておいで」と財布をまるごと渡してしまわれます。財布の中身は2〜4人でだいたい10万円前後ということが多いようです。

財布を渡されるというのは、何を食べても、何を飲んでも、何に遣ってもいいという信頼の証。受け取ったほうはそう感じ、これからももっと頑張ろうという忠誠心へとつながるのです。

これが金額が一緒でも、上司のなじみの店で一緒に食事をし、おごると言いつつ、最後に領収書をもらっている姿を見てしまったら……。やはり部下の心をつかまえるのは難しいのではないでしょうか。

このように財布を丸ごと渡すほかにも、自分のなじみの店へ電話を入れておき、「○○で好きなようにやりなさい」などという方もいらっしゃいます。

自分にはストレスがないからといって、部下も同じようにストレスを感じていないわけではありません。とはいえ、飲みに行って愚痴を言わせるようなストレス発散方法はなさいません。仕事が終わってから、みんなで行く飲み食いは気持ちよく、そして、その後は自主的に会社のためなってくれる、そんな時間を過ごせる工夫をされているのです。

教養を学び続けて得るものは何？

いくつになっても、大富豪の方々は「教養」を学ぶ時間を削ることはございません。文化芸術に関する教養は、社交の場において欠かせないものです。そうした会話についてこられないことは「つまらない人間」「品格がない」と思われ、そこで関係が終わってしまうことも珍しくないからです。

音楽、絵画、彫刻などの有名どころは必ず押さえておく必要があります。また、外国の経営者などと付き合うにあたり、日本の皇室や各国の王室の成り立ちといった歴史的知識は大いに役立つようで、専門の先生をつけて学ばれる方も少なくありません。これは趣味にも共通することですが、大富豪の方々は何かを習うとき、プロを雇います。

例えば、文化芸術を学ぶために学芸員など、そのジャンルの専門家が添乗するプライベートツアーを組まれる方は少なくありません。

このようにして、絵画や彫刻など、実物を目にすることができるものは現地に見に行き、音楽ならば作曲家の生まれ育った場所、曲の生まれた土地を訪ねる。専門家をガイドに旅をしながら歴史を知り、作品の生まれたバックグラウンドに触れていく。そのための時間もお金も惜しまないのは、それだけ教養を重視されているからです。

そして、**一流が身に付けている技術やワザを間近で吸収することが、最も効率の良い修得法**だということを心得ていらっしゃるのです。

さらに、プロはこうした「お金持ちの弟子」をたくさん抱えています。プロのレッスンが人脈を広げるきっかけにもなるのです。

ゴルフ・ワイン・乗馬…。金持ち趣味の本当の理由とは？

お金持ちの趣味というと、ゴルフ、乗馬、ワインなどが思い浮かびませんか？
これは、実際に私がお仕えしている方々にも該当される趣味です。

・ゴルフ：朝から夕方まで過ごし、プレー中も語り合うことができる
・テニス：欧米では歴史あるテニスクラブが上流階級の社交場。プレー後の交流でお互いの個性を売り込む
・ワイン：種類も豊富で奥深い世界。食事とともに皆で楽しむ。アルコールの力で会話もはずみ、交流が深まる
・飛行機：旅行への移動こそ、お互いをよく知る交流の場。自家用機を使い、関係

を深めたい人と旅行に出かけ、ビジネスにつなげる

・クルマ：ヴィンテージカーなど、高級車でドライブする会は多い。同行の仲間と集まって関係を深め、情報交換の場にしている

このような上流階級の方々の**趣味に共通しているのは、「共に過ごす時間の長さ」**にあります。その間に**お互いの人物像をつかみつつ、自分を売り込んでいるのです。**

また、共通の趣味を通じて絆を深めていきます。

大富豪の方々にとって、趣味はたんなる娯楽の時間ではありません。暮らしを彩る楽しみである一方で、人間関係を広げ、ときにはビジネスにつなげる時間として活用されているのです。

なぜ海外出張に家族を連れて行くのだろう？

「２週間ほど休暇が取れそうだから、ワイキキでのんびりしてこよう。手配を頼むよ」と、ある大富豪の方がおっしゃい、ご家族でハワイの別荘へお出かけになりました。お話を伺ってみるとご家族でのんびりと過ごされている合間に、思いついた事業計画を仕事仲間と話し合い、別荘には商談相手を招き、友好を深めつつビジネスも進めてきたとのこと。もはや、単に居場所が別荘地になっただけで、ふだんと変わりません。

たいていの方が、オンとオフを分けて考えます。休暇中に仕事を抱えていたら、遊びに行った先でも仕事につかまってしまったら、それは休暇を楽しめないと考えてしまうものです。

しかし、一代で財を成したような大富豪の方は、もともと仕事がおもしろくて没頭していたら成功した、利益が後からついてきたというタイプが多く、「苦しくても頑張る」という発想をお持ちの方はいらっしゃいません。

つまり、休暇中に仕事が入っても、究極を言えばいつまで働いていても、ストレスを感じることがないのです。さらに言えば、それほど情熱を傾ける仕事だからこそ、手抜きしたりすることはあり得ません。質の高い成果を出し続けるという好循環がうまれているのです。

ワークライフバランスということが世間では言われています。体に負担をかけないように休みを取ることは大切です。しかし、仕事でモチベーションが下がり、モチベーションを上げるために休暇を取るというのでは、質の高いパフォーマンスを維持することは難しいかもしれません。

公私混同で生きているのが大富豪の生き方です。**就業中でも休暇中でも同じようなメンタルを維持できる**ということも、大富豪がお金を生み出し続ける時間の過ごし方に他ならないのです。

夫婦円満の努力をしているのはなぜ?

ドラマや映画の世界では愛人を何人も囲っている大富豪が登場しますが、あれはフィクションです。私どもがお仕えしている既婚の男性のみなさまは**一切、浮気に時間を使うなどということはございません。**

なぜなら、浮気が発覚し、離婚ともなれば、とんでもない額の慰謝料、財産分与が発生します。一生懸命稼いだお金、何代にもわたって守り続けてきた財産。時間の重みを知っている大富豪にとって、火遊びの時間はそれこそ、身を燃やし尽くすほどに強いものなのです。みなさまも一夜の恋で、資産が数億、数十億なくなります……となれば踏みとどまるのではないでしょうか?

このようなことから、大富豪のみなさまは結婚に対しても非常に慎重です。ただし、出会いの機会は多く、近づいてくる女性も少なくありません。これは「ハニートラップでは?」と思っているうちに年を重ねる方も多いです。

では、何がお金持ちの男性を結婚に踏み切らせるのでしょうか?

跡継ぎ問題も大きいですが、ご本人が求めているのはやすらぎです。オーナー社長の場合、従業員と家族の暮らしを背負うストレスがあり、代々の資産家の場合も多額のお金を扱うプレッシャーを感じています。穏やかな気持ちで過ごせるご自宅を求めていらっしゃるのです。

大富豪の奥さまは、取引先の創業家や政治家の娘から、学生時代の友人、元秘書、あるいは銀座のクラブで働いていた方など、出自はさまざまです。しかし生涯をともにすると決めた女性です。離婚の負担を考えても、日々のやすらぎを得るためにも、**夫婦円満を保つための時間は必要不可欠な、とても大切な時間**なのです。

大富豪がよく観る映画の秘密とは？

組織をうまく回したり、正しい判断を瞬時に行うためには自分のメンタルをよい状態にしておくことが重要になってきます。映画は文字だけの本に比べて右脳、つまり感情を司る機能を刺激するメディアだという認識で、大富豪の方々はみています。だから、知識や情報を得ることを主眼としていた読書に比べて、モチベーションやメンタルに効くものが選ばれるようです。

また、人間同士がビジネスをする以上、どのような感情のすれ違いが起こるのか知り、感情のマネジメントをすることも大切になってきます。

そういった観点から、ご自身の目的に応じてベストな映画作品をご覧になります。

大富豪の方がよくご覧になっている作品をご紹介いたします。

『フィールド・オブ・ドリームス』

フィル・アルデン・ロビンソン監督

ユニバーサル・ピクチャーズ・ジャパン：発売元

NBC ユニバーサル・エンターテインメントジャパン：販売元

1919年にアメリカ・メジャーリーグで実際に起こった〝ブラックソックス事件（八百長事件）〟をモチーフにした感動ファンタジーです。アイオワ州で農業を営むレイは、ある日「それを作れば彼が来る」という不思議な声に従い、自分の畑を潰して野球場づくりを始めますが……。主人公を取り巻く家族の絆も描かれた良質な人間ドラマとしても楽しめる作品です。

基本的に大富豪のみなさまはエネルギッシュな方ばかりですが、人間ですから、ときには落ち込んだり、元気がなくなることもあります。そんなときに成功への情熱をかきたててくれるようです。

『スティーブ・ジョブズ』

ジョシュア・マイケル・スターン監督
ポニーキャニオン：販売元　ギャガ：発売元

アップルの創業者スティーブ・ジョブズの生涯を描いた伝記的作品です。物語はジョブズの大学時代から始まり、就職先でのトラブルなども丁寧に綴られていきます。

アップルコンピュータを設立したジョブズは、大ヒット商品を開発し、一躍時代の寵児となりますが、彼を待ち受けていたのは、絶望でした……。

若きジョブズそっくりと評された、アシュトン・カッチャーの熱演も光る本作では、主人公の栄光と挫折に自分自身を重ね、次の一歩へ踏み出すファイトをもらっているのです。

『アポロ13』

ロン・ハワード監督
ジェネオン・ユニバーサル・エンターテイメント：発売元
NBC ユニバーサル・エンターテインメントジャパン：販売元

月面探査を目的としたアポロ計画で、唯一月に到達できなかったアポロ13号の物語が史実を交えて描かれています。トム・ハンクス主演、実際にあった事件を元にした人間ドラマです。打ち上げ後の爆発事故により、命の危機にさらされたアポロ13号の乗務員たち。彼らを無事地球へと帰還させるべく奔走する管制センターのやり取りがスリリングに展開し、最後まで目が離せません。

スケールの大きな物語に、抱えている小さな悩みなどは、吹き飛んでしまうといいます。

『黒部の太陽』 熊井啓監督　ポニーキャニオン：発売・販売元

黒部ダム建設に尽力した男たちの手に汗握る人間ドラマです。トンネル工事の場面では大掛かりな再現セットが組まれ、実際に大量の水を噴出させた中で撮影を敢行し、迫力の映像を観ることができます。ダム建設に携わる電力会社社員を三船敏郎、建設会社社員を石原裕次郎がそれぞれ好演し、命がけでダム建設に挑む姿に、大きな仕事を成し遂げるパワーがもらえるそうです。

『富士山頂』　村野鐵太郎監督　ポニーキャニオン：発売・販売元

富士山の山頂に気象観測用レーダーを設置しようとする熱き企業戦士らの姿を描いた骨太な一作です。大手電機メーカー同士による激しい入札争い、政治家からの圧力など実話も物語に盛り込まれています。主演の石原裕次郎をはじめ、渡哲也、勝新太郎など昭和の大スターによる豪華共演も見どころのひとつ。難工事に挑む男たちの姿に胸が打たれ、明日への活力へつながるのです。

『太平洋ひとりぼっち』

市川崑監督　日活：発売元　ハピネット・ピクチャーズ：販売元

海洋冒険家の堀江謙一氏の航海記を映画化。主演の石原裕次郎ふんする青年ヨット乗りが兵庫県西宮から出向し、幾多ものアクシデントに見舞われながらサンフランシスコを目指す航海を描いています。

映画『犬神家の一族』で知られる市川崑監督がメガホンをとり、孤独な冒険を見事に映し出しています。「成功してやる」との思いが胸に広がる一作です。

『栄光への5000キロ』

蔵原 惟繕監督　ポニーキャニオン：発売・販売元

1966年の自動車レース「サファリラリー」で優勝した日産チームの監督の手記を映画化。世界中の自動車レースで活躍するドライバーの五代だったが、自ら起こした事故や恋人との別れで不振の中にいた。そんな折、彼は5日間で5000キロを走破するという過酷なレースへの参加を打診され……。

厳しい勝負の世界で生きる主人公に前向きに突き進むパワーをもらえるそうです。

Part 7のまとめ

遊びの時間をお金を生む時間にするために

□「自宅に招かれた」嬉しさは、深い人間関係につながる
□年下との交流で新しい刺激を受ける
□親密度が増すのは、飲みに行くより財布を渡すこと
□教養がないとつながりは切られてしまう
□趣味は自分を売り込み、相手との絆を深める時間
□仕事と休暇の線引きをしなければメンタルは一定に保たれる
□夫婦円満の努力はやすらかな日常のために必要な努力
□娯楽は自分を奮い立たせるものを選択する

おわりに

ある大富豪の方は「巨万の富は、小さな富でできている」と言い、執事にも贅沢と倹約のメリハリをお求めになられます。

日常的な固定費の支出からはムダを省き、小さな富を大切にし、贅沢をされるときは投資によって「お金が稼いできてくれたお金」

を使われます。

お金の遣い方と時間の使い方は似ていると思います。

大富豪が時間の管理に徹底してこだわるのも、そのためではないでしょうか。

ムダを嫌い、一秒にまで目を配る、

自分の自由になる時間を作り、やるべきことにフォーカスする、

目先のことにとらわれず、ブレない価値観に従って行動する、

自分でやる必要のないことは人に任せ、切り捨てる…など。

「小さな時間の集まりが大きなお金を生み出している」という、このシンプルな仕組みが、大富豪がお金を生み出す時間術の根幹にあるのだと思います。

日本には億万長者と言われる、一億円以上の資産を持つ方は2％しかいないと言われています。お金を生み出すことに成功した、本当にごくわずかな人間だけが到達できる境地です。

しかし、重要な決断は朝にする、昼のパフォーマンスを落とさない習慣を持つなど、誰にでもできる時間の使い方がたくさんあります。

ぜひ、実践されてください。

それが、お金を生み出す、はじめの一歩となるはずです。

本書は『月刊 BIG tomorrow』の連載「執事は見た！お金持ちの真実」、『執事が見た！お金持ちの絶対習慣　日本人の２％しか知らない55の共通点』（BIG Tomorrow ７月号増刊）をもとに、大幅に加筆、再構成したものです。

著者紹介

新井直之
日本バトラー&コンシェルジュ株式会社代表取締役社長。フォーブス誌世界大富豪ランキングトップ10に入る大富豪、日本国内外の超富裕層を顧客に持つ同社の代表を務める傍ら、企業向けに富裕層ビジネス、顧客満足度向上、ホスピタリティに関する講演、研修、コンサルティング業務を行なう。大富豪が当たり前のように捉えている“時間”の大切さ、そしてお金を生み出す時間の使い方とは？本書では大富豪と接し、間近で見ているからこそわかった、その驚くべきこだわりについてまとめた。明日からの行動を変えたくなる1冊である。

執事《しつじ》が目《め》にした！
大富豪《だいふごう》がお金《かね》を生《う》み出《だ》す時間術《じかんじゅつ》

2018年2月20日　第1刷

著　者　新井《あらい》　直之《なおゆき》
発行者　小澤源太郎

責任編集　株式会社 プライム涌光
電話　編集部　03(3203)2850

発行所　株式会社 青春出版社
東京都新宿区若松町12番1号 〒162-0056
振替番号　00190-7-98602
電話　営業部　03(3207)1916

印　刷　中央精版印刷　　製　本　大口製本

万一、落丁、乱丁がありました節は、お取りかえします。
ISBN978-4-413-23077-3 C0030

幸せを考える100の言葉
自分をもっと楽しむヒント
斎藤茂太

マインドフルネス
怒りが消える瞑想法
吉田昌生

引っぱりだす！ こぼす！ 落とす！
そのイタズラは
子どもが伸びるサインです
伊藤美佳

3フレーズでOK！
メール・SNSの英会話
デイビッド・セイン

老後ぐらい好きにさせてよ
楽しい時間は、「自分流」に限る！
野末陳平

青春出版社の四六判シリーズ

英語を話せる人 勉強しても
話せない人 たった1つの違い
光藤京子

12歳までの好奇心の育て方で
子どもの学力は決まる！
永井伸一

卵子の老化に負けない
「妊娠体質」に変わる栄養セラピー
古賀文敏 定真理子

きれいな肌をつくるなら、
「赤いお肉」を食べなさい
皮膚科医が教える最新栄養療法
柴亜伊子

子どもがどんどん賢くなる
「絶対音感」の育て方
7歳までの〝聴く力〟が脳の発達を決める
鬼頭敬子